2020年全国经济专业技术资格考试

中级经济师工商管理专业知识与实务
最后冲刺8套题

参考答案及详细解析

中华会计网校 编

目　录

最后冲刺套题（一）参考答案及详细解析 …………………………………………………… 1

最后冲刺套题（二）参考答案及详细解析 …………………………………………………… 8

最后冲刺套题（三）参考答案及详细解析 …………………………………………………… 15

最后冲刺套题（四）参考答案及详细解析 …………………………………………………… 22

最后冲刺套题（五）参考答案及详细解析 …………………………………………………… 29

最后冲刺套题（六）参考答案及详细解析 …………………………………………………… 35

最后冲刺套题（七）参考答案及详细解析 …………………………………………………… 41

最后冲刺套题（八）参考答案及详细解析 …………………………………………………… 47

中级经济师工商管理专业知识与实务最后冲刺8套题参考答案及详细解析

最后冲刺套题（一）参考答案及详细解析

一、单项选择题

1. D 【解析】本题考查企业战略的层次。企业总体战略一般是以企业整体为研究对象，研究整个企业生存和发展中的基本问题。该战略属于企业总体战略。

2. A 【解析】本题考查企业愿景的内容。企业愿景包括核心信仰和未来前景两部分。

3. D 【解析】本题考查战略控制方法。运用杜邦分析法，企业通过设立产品事业部，并设立投资中心，就可以对企业的战略实施状况进行财务控制。

4. D 【解析】本题考查核心竞争力的特征。企业核心竞争力的特征主要包括：价值性、异质性、延展性、持久性、难以转移性和难以复制性。

5. B 【解析】本题考查成本领先战略。实施成本领先战略的途径包括：(1)规模效应；(2)技术优势；(3)企业资源整合；(4)经营地点选择优势；(5)与价值链的联系；(6)跨业务相互关系。

6. A 【解析】本题考查波士顿矩阵。在波士顿矩阵中，金牛区拥有较高的市场占有率和较低的业务增长率。

7. C 【解析】本题考查头脑风暴法的概念。头脑风暴法是指通过有关专家之间的信息交流，引起思维共振，产生组合效应，从而形成创造性思维。

8. A 【解析】本题考查公司的原始所有权。公司的原始所有权是出资人（股东）对投入资本的终极所有权，其表现为股权。

9. A 【解析】本题考查股份有限公司的股东大会。股东大会应该每年召开一次年会。

10. B 【解析】本题考查董事会会议。根据我国《公司法》，召集董事会会议应当于会议召开10日前通知全体董事和监事。

11. C 【解析】本题考查监事的任职资格。对于有下列情形之一的，不得担任公司的董事、监事和高级管理人员：(1)无民事行为能力或者限制民事行为能力；(2)因贪污、贿赂、侵占财产、挪用财产或者破坏社会主义市场经济秩序，被判处刑罚，执行期满未逾5年，或者因犯罪被剥夺政治权利，执行期满未逾5年；(3)担任破产清算的公司、企业的董事或者厂长、经理，对该公司、企业破产负有个人责任的，自该公司、企业破产清算完结之日起未逾3年；(4)担任因违法被吊销营业执照、责令关闭的公司、企业的法定代表人，并负有个人责任的，自该公司、企业被吊销营业执照之日起未逾3年；(5)个人所负数额较大的债务到期未清偿。所以选项C符合题干要求。

12. C 【解析】本题考查有限责任公司的董事会成员。我国《公司法》规定，有限责任公司的董事会成员为3~13人，股份有限公司的为5~19人。

13. D 【解析】本题考查经理机构的职权。经理行使下列职权：(1)主持公司的生产经营管理工作，组织实施董事会决议；(2)组织实施公司年度经营和投资方案；(3)拟订公司内部管理机构设置方案；(4)拟订公司的基本管理制度；(5)制定公司的具体规章；(6)提请聘任或者解聘公司副经理、财务负责人；(7)决定聘任或者解聘除应由董事会聘任或者解聘以外的负责管理人员；(8)公司章程和董事会授予的其他职权。D 选项属于全体股东的权利。

14. A 【解析】本题考查股份有限公司的监事会。我国《公司法》规定，股份有限公司监事会定期会议每 6 个月至少召开一次。

15. D 【解析】本题考查目标市场的策略。选项 D 错误，无差异营销策略与差异性营销策略最终满足的都是全部市场需求，而集中性营销策略最终满足的只是局部市场需求。

16. B 【解析】本题考查市场营销环境分析。理想业务即高机会和低威胁的业务。

17. A 【解析】本题考查目标市场的策略。无差异营销策略：企业把整体市场看作一个大的目标市场，忽略消费者需求存在的不明显的微小差异，只向市场投放单一的商品，设计一种营销组合策略，通过大规模分销和大众化广告，满足市场中绝大多数消费者的需求。

18. C 【解析】本题考查产品生命周期中成熟期的特征。产品成熟期即产品在市场上销售量趋于稳定，市场竞争最激烈的阶段，其特征有：市场需求量已逐渐趋向饱和，销售量已达到最高点；生产批量大，产品成本低；由于竞争者的加入，使同类产品大大增加，企业为了促销而实行一系列促销手段；为了增强竞争力，产品的价格会下降，这样使得产品的利润由成长期的最高峰逐步下降，这时的市场竞争十分激烈。

19. C 【解析】本题考查产品组合定价策略。产品束定价即企业将几种产品组合在一起，进行低价销售。

20. D 【解析】本题考查促销策略中的推动策略。推动策略即生产商运用人员推销和销售促进，将产品由生产商向批发商推销，再由批发商向零售商推销，最后再由零售商向消费者推销。这是一种较为传统的促销策略。

21. C 【解析】本题考查竞争价格定价法。竞争价格定价法是指企业通过不同营销方法，使同种同质的产品在消费者心目中树立起不同的产品形象，进而根据自身特点，选取低于或高于竞争者的价格作为本企业产品价格。

22. D 【解析】本题考查设备组的生产能力。设备组的生产能力＝单位设备有效工作时间×设备数量×产量定额＝15×10×20＝3 000(台)。

23. D 【解析】本题考查生产间隔期的计算。生产间隔期＝批量/平均日产量＝120/10＝12(天)。

24. C 【解析】本题考查衡量渠道运行绩效的核心内容。对企业而言，经济效益是衡量渠道运行绩效的核心内容。

25. C 【解析】本题考查生产进度控制。生产进度管理的目标是准时生产。

26. D 【解析】本题考查库存控制。库存物资品种累计占全部品种 70%，而资金累计占全部资金总额 10% 以下的物资定为 C 类物资，选项 D 错误。

27. C 【解析】本题考查物料需求计划中的物料清单。物料清单又称产品结构文件，它反映了产品的组成结构层次及每一层次下组成部分本身的需求量。

28. B 【解析】本题考查丰田生产方式思想中的准时化。准时化(JIT)本质上是一个拉动式生产系统。

29. B 【解析】本题考查企业物流的类型。根据物流活动的主体，物流可分为企业自营物流、专业子公司物流和第三方物流。

30. A 【解析】本题考查企业采购的功能。采购成本是企业成本控制的主体和核心，那么，控制采购的原材料及零部件是企业成本控制最有价值的部分，所以可以说企业采购具有企业生产成本控制功能。

31. A 【解析】本题考查企业生产物流的类型。按照生产专业化的程度，可以将企业生产物流划分为大量生产、单件生产和成批生产三种类型。

32. D 【解析】本题考查拉动式模式。在拉动式模式下，生产物流管理的特点包括：（1）以最终用户的需求为生产起点，拉动生产系统各生产环节对生产物料的需求。（2）强调物流平衡，追求零库存，要求上一道工序加工完的零部件立即可以进入下一道工序。（3）在生产的组织上，计算机与看板结合，由看板传递后道工序对前道工序的需求信息。（4）将生产中的一切库存视为"浪费"，出发点是整个生产系统，而不是简单地将"风险"看作外界的必然条件，并认为库存掩盖了生产系统中的缺陷。

33. B 【解析】本题考查企业仓储管理的保管业务。散堆是指将无包装的散货在仓库或露天货场上堆成货堆的存放方式，这种方法适用于不用包装的颗粒状、块状的大宗散货，如煤炭、矿砂、散粮、海盐等。

34. C 【解析】本题考查经济订货批量的计算。$EOQ = \sqrt{\dfrac{2Dc_0}{PH}} = \sqrt{\dfrac{2\times120\,000\times4}{1\times6\%}} = 4\,000(吨)$。

35. D 【解析】本题考查企业销售物流。企业销售物流是连接生产企业和终端需求的桥梁，它以产品离开生产线进入流通领域为起点，以送达用户并提供售后服务为终点。

36. B 【解析】本题考查技术创新的类型。基于技术创新模式的不同，将技术创新分为原始创新、集成创新和引进、消化吸收再创新。

37. A 【解析】本题考查技术推动和需求拉动创新模式的特点。需求拉动模式的特点有：创新成果应用易；创新周期较短；易于商品化，很快能产生效益；忽视长期研发项目，局限于技术的自然变革，有失去突变能力的风险。

38. D 【解析】本题考查技术创新战略的类型。合作创新战略能够分摊创新成本，分担创新风险，选项D错误。

39. A 【解析】本题考查项目地图法。珍珠型项目具有较高的预期收益和很高的成功概率，项目的风险较小，属于比较有潜力的明星项目；牡蛎型项目虽然潜在收益很高，但是技术开发成功的可能性较低，风险较大；面包和黄油型项目技术风险低，开发成功率较高，但预期收益不是很好；白象型项目不仅风险较大，而且预期效益不好，不值得进行投资和开发，尽量排除。

40. C 【解析】本题考查应用研究的概念。应用研究是指为了获得某一具体领域的新知识而进行的创造性研究活动。

41. D 【解析】本题考查市场模拟模型的计算。类似技术实际交易价格$P_0=20$(万元)，技术经济性能修正系数$a=1+15\%=1.15$，时间修正系数$b=1+10\%=1.1$，寿命修正系数$c=1.2$，根据公式$P = P_0 \times a \times b \times c = 20\times1.15\times1.1\times1.2 = 30.36$(万元)。

42. D 【解析】本题考查知识产权的保护期限。我国商标法规定，注册商标的有效期为10年，自核准注册之日起计算。

43. D 【解析】本题考查企业人力资源规划内容。人员培训开发计划目标包括：改善员工知识技能、明确培训数量及类别、提高绩效、改善工作作风和企业文化等。

44. C 【解析】本题考查管理人员接续计划法的计算。该企业明年业务主管的供给量=现职人员+可提升人员+招聘人员-提升出去的-退休的-辞职的=25+2+5-2-2-2=26(人)。

45. C 【解析】本题考查绩效考核的步骤。绩效考核的技术准备工作包括：选择考核者、明确考核标准、确定考核方法等。

46. D 【解析】本题考查书面鉴定法的适用范围。由于书面鉴定法明确灵活、反馈简洁，因此常用于对企业中初、中级专业技术人员和职能管理人员的绩效考核。

47. D 【解析】本题考查绩效考核的比较法。绩效考核中比较法最常用的形式有以下三种：直接排序法、交替排序法和一一对比法。

48. C 【解析】本题考查企业薪酬制度设计的原则。内部公平是指同一企业中不同职务之间的薪酬水平应该相互协调,也就是说要与其贡献相一致,内部公平强调的是职务本身对报酬的决定作用。

49. D 【解析】本题考查基本薪酬制度的设计方法。以技能为基础的基本薪酬制度设计方法比较适用于工作在生产和业务一线员工的基本薪酬的确定。

50. B 【解析】本题考查一次性收付款项的复利终值计算。$F = P(1+i)^n = 1\,000 \times (1+12\%)^5 = 1\,000 \times 1.762\,3 = 1\,762.34(万元)$。

51. D 【解析】本题考查永续年金现值的计算方法。优先股因为有固定的股利而无到期日,因此优先股股利有时可视为永续年金。$P = A/i = 6/10\% = 60(元)$。

52. D 【解析】本题考查债券资本成本率的计算。债券的资本成本率 $= [100 \times 2\,000\,000 \times 8\% \times (1-25\%)] \div [200\,000\,000 \times (1-1.5\%)] = 8\% \times (1-25\%) \div (1-1.5\%) = 6.09\%$。

53. A 【解析】本题考查财务杠杆。根据财务杠杆系数的公式:$DFL = \dfrac{EBIT}{EBIT-I} = \dfrac{EBIT}{EBIT-I-\dfrac{D_p}{1-T}}$,$I$ 为债务年利息额,D_p 为优先股股息,T 为企业所得税税率,$EBIT$ 为息税前盈余。所以,影响企业财务杠杆系数的因素为选项 A。

54. B 【解析】本题考查永续年金现值的计算方法。优先股因为有固定的股利而无到期日,因此优先股股利有时可视为永续年金。$P = A/i = 2/5\% = 40(元)$。

55. A 【解析】本题考查投资回收期的计算。投资回收期 = 原始投资额/每年的 NCF = 300/140 = 2.1(年)。

56. B 【解析】本题考查资产置换的概念。资产置换是指交易者双方(有时可由多方)按某种约定价格,在某一时期内相互交换资产的交易。

57. B 【解析】本题考查电子商务产生的背景。信息技术革命使得商业贸易活动在互联网开放的网络环境下,买卖双方不谋面地进行各种商贸活动成为可能,为电子商务的产生奠定了技术基础。

58. A 【解析】本题考查电子商务中的商流、资金流、物流、信息流的关系。在电子商务中,商流是动机和目的,资金流是条件,物流是终结和归宿,信息流是手段。

59. B 【解析】本题考查电子商务的交易模式。O2O 电子商务把互联网与地面店完美对接,实现互联网落地,让消费者在享受线上交易优点的同时,又可享受线下贴心的服务,将线下商务的机会与互联网结合在一起。

60. B 【解析】本题考查国际货运保险索赔与理赔。海运货物保险的索赔时效为两年,自被保险货物全部卸离海轮起算。

二、多项选择题

61. ADE 【解析】本题考查战略控制的方法。战略控制的方法包括杜邦分析法、平衡计分卡、利润计划轮盘。选项 B 是宏观环境分析方法,选项 C 是企业内部环境分析方法。

62. ABD 【解析】本题考查企业经营决策。企业的经营决策要从企业总体层、业务层和职能层进行决策,这三个层次是从高到低、从宏观到微观,所以选项 C 错误。决策条件受到各种外部和内部因素的相互影响和制约,所以选项 E 错误。

63. ABE 【解析】本题考查股东的权利。根据我国《公司法》的规定,股东主要享有以下权利:股东(大)会的出席权、表决权;临时股东(大)会召开的提议权和提案权;董事、监事的选举权、被选举权;公司资料的查阅权;公司股利的分配权;公司剩余财产的分配权;出资、股份的转让权;其他股东转让出资的优先购买权;公司新增资本的优先认购权;股东诉讼权。

64. ADE 【解析】本题考查股份有限公司监事会的职权。监事会对董事、高级管理人员执行公司职务的行为进行监督,但没有处罚的职权,所以选项 B 不选。监事会制度是一种体现对董事、经理进行监督的制度,所以选项C不选。

65. ABDE 【解析】本题考查渠道成员管理。业务激励:(1)佣金总额动态管理;(2)安排经销商会议;(3)灵活确定佣金比例;(4)合作制订经营计划。

66. BCD 【解析】本题考查产品策略。附加(扩展)产品即消费者购买有形产品或无形服务时所获得全部附加服务和利益。附加产品包括提供信贷、免费送货、产品保证、安装、售后服务、培训、使用指导、修理维护、备件供应等。

67. BCDE 【解析】本题考查调度工作制度。调度工作制度一般有:调度值班制度、调度会议制度、现场调度制度、调度报告制度、班前班后小组会制度。

68. ABC 【解析】本题考查制造资源计划。制造资源计划结构主要包括三大部分:计划和控制的流程系统、基础数据系统、财务系统。

69. BCD 【解析】本题考查物流信息系统。物流信息系统可以划分为三个层次,即管理层、控制层和作业层。

70. ABD 【解析】本题考查推进式模式下企业生产物流管理的特点。选项C、E属于拉动式模式下企业生产物流管理的特点。

71. ABDE 【解析】本题考查技术推动、需求拉动和交互作用创新模式的特点。技术推动模式的创新难度大,需求拉动模式的创新难度较大,交互作用模式的创新难度较小,选项C错误。

72. BD 【解析】本题考查项目组合评估。分析技术组合,对企业的每一项重要技术从两个维度进行分析,第一个维度代表某一具体技术对行业发展的重要性;另一个维度表示企业在此技术上的投资和相对竞争地位。

73. BDE 【解析】本题考查技术贸易的主要特点。技术买卖的标的不是有形的商品,而是无形的技术知识,选项A错误。技术贸易转让的是技术的使用权,而不能转让技术的所有权,选项C错误。

74. ABD 【解析】本题考查人力资源信息中的内部环境信息。人力资源信息可以分为企业内部信息和外部环境信息两大类,其中企业内部信息包括企业发展战略、经营计划、人力资源现状(包括员工数量和构成、员工使用情况、教育培训情况、离职率和流动性等)。选项C、E属于人力资源信息中的外部信息。

75. BDE 【解析】本题考查绩效考核内容。企业对员工的绩效考核主要包括工作业绩、工作能力和工作态度三个考核项目。

76. ABDE 【解析】本题考查福利的内容。与直接薪酬相比,福利具有自身独特的优势:(1)形式灵活多样,可以满足员工不同的需要;(2)福利具有典型的保健性质,可以减少员工的不满意,有助于吸引和保留员工,增强企业的凝聚力;(3)福利具有税收方面的优惠,可以使员工得到更多的实际收入;(4)企业采来集体购买某种福利产品,具有规模效应,可以为员工节省一定的支出。福利在提高员工工作绩效方面的效果不如直接薪酬那么明显。选项C是福利存在的问题。

77. AB 【解析】本题考查现金流量估算。初始现金流量包括固定资产投资额、流动资产投资额、其他投资费用、原有固定资产的变价收入。

78. BCE 【解析】本题考查企业并购的类型。按并购的实现方式划分,企业并购分为协议并购、要约并购、二级市场并购。按是否利用被并购企业本身资产来支付并购资金划分,企业并购可分为杠杆并购、非杠杆并购两种。

79. ABCE 【解析】本题考查网络营销的价格策略。网络营销中产品和服务的定价要考虑的因素有:国际化;趋低化;弹性化;价格解释体系。

80. BCDE 【解析】本题考查电子支付的特点。电子支付具有方便、快捷、高效、经济的优势。

三、案例分析题

（一）

81. B 【解析】本题考查SWOT分析法。WO战略：利用环境机会，克服企业劣势。

82. ABC 【解析】本题考查企业战略类型的选择。加强内部成本控制，降低产品价格，属于成本领先战略；通过并购扩大企业生产规模属于横向一体化战略；独家推出保护视力的液晶电视属于差异化战略。

83. A 【解析】本题考查后悔值原则的计算。

方案 \ 市场状态 损益值	畅销	一般	滞销	max
甲产品	60	110	50	110
乙产品	20	0	150	150
丙产品	150	160	0	160
丁产品	0	20	200	200

$\min\{110, 150, 160, 200\} = 110$，因此，生产甲产品可以使企业获得最大经济效益。

84. B 【解析】本题考查不确定型决策的概念。案例中三种市场状态发生的概率无法预测，所以是不确定型决策。

（二）

85. C 【解析】本题考查产品组合定价策略中的产品线定价。该玩具企业生产、经营高、中、低三种价格档次的玩具，符合产品线定价策略。

86. D 【解析】本题考查成本加成定价法的计算。单位成本=单位可变成本+固定成本÷销售量=15+35÷5=22(元)，产品价格=产品单位成本×(1+加成率)=22×(1+30%)=28.6(元)。

87. A 【解析】本题考查目标利润定价法的计算。目标价格=单位成本+目标收益率×资本投资额÷销售量=22+30%×150÷5=31(元)。

88. A 【解析】本题考查分销渠道运行绩效评估。商品周转速度是指商品在渠道流通环节停留的时间。

（三）

89. A 【解析】本题考查生产能力的类型。在编制企业年度、季度计划时，以计划生产能力为依据。在企业确定生产规模、编制长远规划和确定扩建、改建方案，采取重大技术措施时，以设计生产能力或查定生产能力为依据。

90. BCD 【解析】本题考查影响企业生产能力的因素。影响企业生产能力的最主要因素有以下三个：固定资产的数量、固定资产的工作时间、固定资产的生产效率。

91. B 【解析】本题考查设备组生产能力的计算。年生产能力=[250×8×2×(1-10%)×10]/0.5=72 000(件)。

92. C 【解析】本题考查作业场地生产能力的计算。年生产能力=(250×2×8×200)/(5×2)=80 000(件)。

（四）

93. C 【解析】本题考查一元回归分析法的计算。$y = a + bx = 18 + 0.03x$，由于2020年销售额将达到1 000万元，因此需要销售人员=18+0.03×1 000=48(人)。

94. A 【解析】本题考查转换比率分析法的计算。该企业预计2020年销售额将达到1 000万元，

2021年销售额将达到1 500万元，由于销售额每增加500万元，需增加管理人员、销售人员和客服人员共40人，因此2021年增加的管理人员、销售人员和客服人员共40人。由于管理人员、销售人员和客服人员的比例是1∶7∶2，因此增加客服人员=40×(2/10)=8(人)。

95. BCD 【解析】本题考查人力资源供给预测的方法。人力资源供给预测的方法包括：人员核查法、管理人员接续计划法、马尔可夫模型法。

96. ABD 【解析】本题考查人员补充计划的目标。人员补充计划的目标包括：明确补充人员的数量、类型、层次、优化人员结构等。选项C属于人员培训开发计划的目标。

(五)

97. B 【解析】本题考查财务杠杆系数的计算。负债资本比率=负债总额/资产总额，负债总额=负债资本比率×资产总额=40%×200=80(万元)。债务年利息额=负债总额×综合债务利率=80×12%=9.6(万元)。财务杠杆系数=息税前盈余/(息税前盈余−债务年利息)=80/(80−9.6)=1.14。

98. AD 【解析】本题考查财务杠杆系数的意义。财务杠杆系数是指普通股每股收益变动率与息税前盈余变动率的比值，选项A正确。财务杠杆系数越大，对财务杠杆利益的影响越强，筹资风险越高，选项D正确。

99. A 【解析】本题考查长期债务资本成本率的计算。新增贷款的资本成本率=[500×15%×(1−25%)]÷[500×(1−0.1)]=11.26%。

100. B 【解析】本题考查总杠杆系数的计算。总杠杆系数=营业杠杆系数×财务杠杆系数=1.2×1.14=1.37。

最后冲刺套题(二)参考答案及详细解析

一、单项选择题

1. D 【解析】本题考查企业战略管理的内涵。企业总体战略的制定和决策是企业高层战略管理者的主要职责，战略的实施和控制是企业中层、基层战略管理者的主要职责，选项 D 错误。

2. B 【解析】本题考查企业战略实施的步骤。企业战略实施的步骤是：战略变化分析→战略方案分解与实施→战略实施的考核与激励。

3. A 【解析】本题考查市场营销宏观环境中的技术环境。技术是一种"创造性的毁灭力量"，互联网技术改变了消费者的购物习惯，这属于技术环境。

4. D 【解析】本题考查核心竞争力的体现。能力竞争力：能够保证企业生存和发展以及实施战略的"能力"。对企业能力的研究更强调企业自身的素质，即企业的战略、体制、机制、经营管理、商业模式、团队默契、对环境的适应性、对资源开发控制的能动性以及创新性等。

5. C 【解析】本题考查企业成长战略中的多元化战略。同心型多元化是指以市场或技术为核心的多元化。

6. C 【解析】本题考查企业稳定战略。当企业在一段较长时间的快速发展后，有可能会遇到一些问题使得效率下降，此时可采用暂停战略，休养生息，即在一段时期内降低企业目标和发展速度，重新调整企业内部各要素，实现资源的优化配置，实施管理整合，为今后更快发展打下基础。

7. D 【解析】本题考查确定型决定方法中的盈亏平衡点法。盈亏平衡点的产量 = 固定成本/(单位售价−单位可变成本) = 450 000/(20−15) = 90 000(件)。

8. D 【解析】本题考查公司财产权能的两次分离。原始所有权与法人产权的客体是同一财产，反映的却是不同的经济法律关系。原始所有权体现这一财产最终归谁所有；法人产权则体现这一财产由谁占有、使用和处分。

9. D 【解析】本题考查发起人的定义。发起人是指参加公司设立活动并对公司设立承担责任的人。

10. D 【解析】本题考查有限责任公司的股东会。按照《公司法》要求，有限责任公司首次股东会会议由出资最多的股东召集和主持，依照法律规定行使职权。

11. C 【解析】本题考查股份有限公司股东大会的决议方式。股份有限公司股东大会做出修改公司章程、增加或者减少注册资本的决议，以及公司合并、分立、解散或者变更公司形式的决议，必须经出席会议的股东所持表决权的三分之二以上通过。

12. A 【解析】本题考查国有独资公司的权力机构。重要的国有独资公司合并、分立、解散、申请破产的，应当由国有资产监督管理机构审核后，报本级人民政府批准。

13. B 【解析】本题考查董事会与经理的关系。董事会与经理的关系是以董事会对经理实施控制为基础的合作关系。

14. A 【解析】本题考查国有企业党组织的地位和作用。选项 A 应该是充分发挥国有企业党组织的政治核心作用。

15. C 【解析】本题考查市场营销管理的任务。潜伏需求是指消费者对某种产品有强烈的需求，但现实情况下无法实现的状态。

16. A 【解析】本题考查消费者市场细分的主要变量。人口细分是按照人口变量来细分消费者市场。人口变量包括人口总数、人口密度、家庭户数、年龄、性别、职业、民族、文化、宗教、国籍、收入、家庭生命周期等。

最后冲刺套题(二)参考答案及详细解析

17. D 【解析】本题考查集中性营销策略的概念。集中性营销策略是指企业在市场细分的基础上，选择一个或几个细分市场作为目标市场，制订营销组合方案，实行专业化经营，把企业有限的资源集中使用，在较小的目标市场上拥有较大的市场占有率。

18. D 【解析】本题考查产品组合的长度。产品组合的长度是指产品组合中所包含的产品项目的总数。该公司的香皂有3种、沐浴露有4种，所以产品组合的长度是7。

19. A 【解析】本题考查心理定价策略中的声望定价策略。声望定价策略是指利用消费者仰慕名牌商品或名店的声望所产生的某种心理来制定商品的价格。

20. B 【解析】本题考查品牌资产的组成。品牌认知度是指消费者对某一品牌在品质上的整体印象。

21. A 【解析】本题考查产品线单一品牌战略的概念。产品线单一品牌战略是指品牌扩张时，使用单一品牌对企业同一产品线上的产品进行扩张。

22. A 【解析】本题考查生产能力核算。企业生产能力的核算是根据决定生产能力的三个主要因素(固定资产的数量、工作时间、生产效率)，在查清和采取措施的基础上，首先计算设备组的生产能力，平衡后确定小组、工段、车间的生产能力。

23. D 【解析】本题考查生产计划指标。产品质量指标包括两大类：一类是反映产品本身内在质量的指标，主要是产品平均技术性能、产品质量分等；另一类是反映产品生产过程中工作质量的指标，如质量损失率、废品率、成品返修率等。

24. D 【解析】本题考查生产作业计划编制。生产作业计划通常分为许多层次，如厂级生产作业计划、车间级生产作业计划、工段生产作业计划和班组生产作业计划，甚至到每台机床和每个操作者。

25. A 【解析】本题考查渠道扁平化的原因。渠道扁平化的原因包括：(1)网络信息技术的影响；(2)渠道纵向一体化的影响；(3)顾客需求特征的影响。

26. D 【解析】本题考查在制品定额的相关知识。一定数量的在制品储备是保证生产连续进行的必要条件。

27. D 【解析】本题考查物料需求计划的输入信息。主生产计划又称产品出产计划，它是物料需求计划最主要的输入信息，表明企业向社会提供的最终产品数量，它由顾客订单和市场预测决定。

28. B 【解析】本题考查丰田生产方式最基本的理念。丰田生产方式最基本的理念从(顾客的)需求出发，杜绝浪费任何一点材料、人力、时间、空间、能量和运输等资源。

29. A 【解析】本题考查企业物流活动中的运输。运输的任务是对物资进行较长距离的空间移动。

30. B 【解析】本题考查企业采购管理的业务流程。企业采购管理的业务流程包括：(1)提出采购申请；(2)选择供应商；(3)进行采购谈判；(4)签发采购订单；(5)跟踪订单；(6)物料验收；(7)付款及评价。

31. B 【解析】本题考查不同生产类型下的企业生产物流特征。多品种小批量型生产物流的特征具体表现为以下几个方面：(1)物料被加工的重复程度介于单件生产和大量生产之间，一般采用混流生产。(2)使用MRP实现物料相关需求的计划，以JIT实现客户个性化特征对生产过程中物料、零部件、成品需求的拉动。(3)由于产品设计和工艺设计采用并行工程处理，物料的消耗定额很容易确定，因此成本很容易降低。(4)由于生产品种的多样性，对制造过程中物料的供应商有较强的选择要求，因此外部物流的协调很难控制。

32. A 【解析】本题考查库存的分类。选项B是按生产过程中的不同阶段对库存进行的分类；选项C是按库存的目的对库存进行的分类；选项D是按存放地点对库存进行的分类。

33. B 【解析】本题考查企业销售物流的产品包装内容。包装是企业生产物流系统的终点，也是销售物流系统的起点。

34. B 【解析】本题考查企业销售物流的组织内容。企业销售物流的组织内容主要包括产成品包装、

· 9 ·

产成品储存、订单管理、企业销售物流渠道的选择、产品配送、装卸搬运等。

35. A 【解析】本题考查企业物流效率评价指标中的经济效率指标。选项A是经济效率，选项B是迅速物流及时率，选项C是耗损率，选项D是准确完成物流率。

36. C 【解析】本题考查技术创新的含义。技术创新是指企业家抓住市场潜在盈利机会，以获取经济利益为目的，重组生产条件和要素，不断研制推出新产品、新工艺、新技术，以获得市场认同的一个综合性过程。

37. B 【解析】本题考查国家创新体系的相关知识。党的十九大报告指出：深化科技体制改革，建立以企业为主体、市场为导向、产学研深度融合的技术创新体系，加强对中小企业创新的支持，促进科技成果转化。

38. A 【解析】本题考查企业联盟组织模式。星形模式适用于垂直供应链型的企业。

39. B 【解析】本题考查企业技术创新的内部组织模式。在技术创新中，内企业家区别于企业家的根本之处是内企业家活动局限在企业内部，其行动受企业的规定、政策和制度以及其他因素制约。

40. C 【解析】本题考查企业研发的模式。共建机构主要是企业在大学、科研院所等建立研发机构，通常是大学出平台、提供人员，企业出资金。

41. A 【解析】本题考查专利权转让合同的概念。专利权转让合同是指一方当事人(让与方)将其发明创造的专利权转让给受让方，受让方支付相应价款而订立的合同。

42. C 【解析】本题考查国际技术贸易的含义。国际技术贸易是指不同国家的企业、经济组织或个人之间，按照一般商业条件，向对方出售或对方购买软件技术使用权的一种国际贸易行为。

43. A 【解析】本题考查人力资源规划的分类。按照规划的性质，企业的人力资源规划可分为总体规划和具体计划。

44. C 【解析】本题考查一元回归分析法的计算。$y=a+bx=15+0.04x=15+0.04\times1\,000=55$(人)。

45. C 【解析】本题考查——对比法。在运用——对比法时，将每一名考核对象得到的"+"相加，得到的"+"越多，对该考核对象的评价越高。反之，则绩效水平越低。由表可知，李××一个"+"都没有，其绩效最差。

46. B 【解析】本题考查管理人员判断法的相关内容。管理人员判断法是一种粗略的、简便易行的人力资源需求预测方法，主要适用于短期预测。

47. A 【解析】本题考查企业薪酬制度设计的原则。公平原则是指企业向员工提供的薪酬应该与员工对企业的贡献保持平衡。

48. C 【解析】本题考查企业薪酬制度设计的流程。企业薪酬制度设计的流程是：明确现状和需求→确定员工薪酬策略→工作分析→职位评价→等级划分→建立健全配套制度→市场薪酬调查→确定薪酬结构与水平→薪酬制度的实施与修正。

49. C 【解析】本题考查基本薪酬设计。在以职位为导向的薪酬设计方法中，计点法的操作较为复杂，在进行"付酬因素"等级划分和指派分数时需聘请人力资源管理专家帮助，所以成本较高。

50. A 【解析】本题考查货币时间价值的概念。货币的时间价值原理正确地揭示不同时点上的资金之间的换算关系，是财务决策的基础。

51. A 【解析】本题考查先付年金的终值与现值。在n期后付年金终值的基础上乘以$(1+i)$，就是n期先付年金的终值。

52. C 【解析】本题考查资本资产定价模型的计算。股票的资本成本率=无风险报酬率+风险系数×(市场平均报酬率-无风险报酬率)=$3.5\%+1.2\times(9.5\%-3.5\%)=10.7\%$。

53. A 【解析】本题考查现代资本结构理论。选项A错误，根据代理成本理论，债权资本适度的资本结构会增加股东的价值。

54. A 【解析】本题考查长期股权投资的风险。投资决策风险具体包括违反国家法律法规风险、未经审批或超越授权审批风险、被投资单位所处行业和环境的风险及其本身的技术和市场风险；投资项目的尽职调查及可行性论证风险；决策程序不完善和程序执行不严的风险等。

55. B 【解析】本题考查营业现金流量的计算。年净营业现金流量＝净利＋折旧＝400×(1－25%)＋20＝320(万元)。

56. B 【解析】本题考查收购与兼并。两个以上公司合并设立一个新的公司为新设合并，合并各方解散。

57. C 【解析】本题考查电子商务的功能。电子商务的网络调研功能：电子商务能十分方便地采用网页上的"选择""填空"等格式文件来收集用户对商品、服务的意见，这样使企业不仅能提高服务水平，更使企业获得了改进产品、发现市场的商业机会。

58. D 【解析】本题考查国际货物多式联运。如果联运的最后一程为海运，则该国际多式联运单据往往具有物权凭证的性质，可以背书转让，否则不可背书转让。

59. B 【解析】本题考查网络市场直接调研的方法。网络市场直接调研按调查的思路不同可分为：网上观察法、专题讨论法、在线问卷法和网上实验法。使用最多的是专题讨论法和在线问卷法。

60. B 【解析】本题考查第三方支付的相关知识。能够解决先付款还是先发货矛盾的电子支付方式是第三方支付。

二、多项选择题

61. BDE 【解析】本题考查行业环境分析的主要内容。行业环境分析的主要内容有：行业生命周期分析、行业竞争结构分析、战略群体分析。选项A属于企业内部环境分析的内容，选项C属于宏观环境分析的内容。

62. ABCD 【解析】本题考查战略联盟。契约式战略联盟是指主要通过契约交易形式构建的企业战略联盟，常见的形式有：技术开发与研究联盟、产品联盟、营销联盟、产业协调联盟。

63. BCDE 【解析】本题考查我国的法人股东类型。在我国，可以成为法人股东的是企业法人(含外国企业)和社团法人、各类投资基金组织、代表国家进行投资的机构。

64. ACDE 【解析】本题考查股份有限公司董事的忠实义务。董事的忠实义务有：自我交易之禁止、竞业禁止、禁止泄露商业秘密、禁止滥用公司财产。

65. ABCD 【解析】本题考查充分需求。选项E属于过量需求状态采取的措施。

66. BCDE 【解析】本题考查心理定价策略。心理定价策略的主要形式包括：尾数定价策略、整数定价策略、声望定价策略、招徕定价策略、分档定价策略、习惯定价策略。选项A属于产品组合定价策略。

67. ACD 【解析】本题考查累计编号法的内容。累计编号法又称提前期法。同一时间上，越是处于生产完工阶段的产品，其编号越小；越是处于生产开始阶段的产品，其编号越大。

68. BDE 【解析】本题考查物料需求计划。物料需求计划(MRP)的主要输入信息有主生产计划、物料清单和库存处理信息。

69. ABCE 【解析】本题考查企业采购的功能。企业采购的功能有：生产成本控制功能；生产供应控制功能；产品质量控制功能；促进产品开发功能。选项D属于企业仓储管理的功能。

70. BCDE 【解析】本题考查多品种大批量生产物流的特征。多品种大批量生产物流的特征有：(1)物料被加工成基型产品的重复度高，因而这部分物料的需求很容易计划与控制；(2)要满足个性化定制要求；(3)产品组合配置完成以后，要面对单个客户或小批量、频繁供给的现实，因而在物流配送环节，对供应链系统的敏捷性和协调性要求很高；(4)产品品种的多样化和数量的规模化，要求全程物流的支持，需建立一个有效的供应链网络。选项A属于多品种小批量型生产物流的特征。

71. ABCD 【解析】本题考查技术创新决策的定性评估方法。评分法的特点有：(1)确定项目的评价标准或因素比较灵活，可以根据项目的实际情况而确定；(2)权重的确定也比较容易和灵活；(3)评价结果为一综合指标，因此便于对项目进行排序比较；(4)既可以考虑财务指标，又可以包括非财务因素；(5)简单，易于操作。评分法的缺点之一是不能提供和比较不同结果出现的可能性。

72. ABCE 【解析】本题考查领先战略与跟随战略的基本特征。领先战略必须率先开发市场，一般是要开拓一个全新的市场；跟随战略则在领先者已开拓的大市场中开发细分市场或挤占他人市场，选项 D 错误。

73. ABCD 【解析】本题考查企业知识产权保护策略。知识产权的法律法规主要由专利法、商标法、著作权法、反不正当竞争法、合同法等构成。

74. AB 【解析】本题考查人力资源需求预测。企业可以采用的人力资源需求预测方法有：管理人员判断法、德尔菲法、转换比率分析法和一元回归分析法。

75. ABCE 【解析】本题考查绩效考核的步骤。绩效考核是对客观行为及其结果的主观评价，容易出现误差。导致这些误差和错误的原因主要是出现在考核主体身上的晕轮效应、从众心理、优先与近期效应、逻辑推理效应和偏见效应等。

76. ACDE 【解析】本题考查基本薪酬设计。一般来说，确定薪酬浮动率时要考虑以下几个主要因素：企业的薪酬支付能力、各薪酬等级自身的价值、各薪酬等级之间的价值差异、各薪酬等级的重叠比率等。

77. CDE 【解析】本题考查贴现现金流量指标。贴现现金流量指标是指考虑货币时间价值的指标，包括净现值、内部报酬率、获利指数。

78. AB 【解析】本题考查企业重组的方式。收购和兼并是企业实施加速扩张战略的主要形式，收购和兼并统称为并购。兼并也称吸收合并。

79. ABCE 【解析】本题考查电子商务中的商流、资金流、物流、信息流。电子商务交易活动的达成必然需要商流、资金流、物流、信息流在时空上的协作，缺一不可。

80. ABC 【解析】本题考查国际集装箱货物运输。在集装箱运输中，常见的交接地点可以形象地概括为门、场、站。

三、案例分析题

(一)

81. C 【解析】本题考查行业生命周期分析。进入成熟期，一方面行业的市场已趋于饱和，销售额已难以增长，在此阶段的后期甚至会开始下降；另一方面行业内部竞争异常激烈，企业间的合并、兼并大量出现，许多小企业退出，于是行业由分散走向集中。根据题干表述，该企业处于成熟期。

82. ABD 【解析】本题考查企业战略的类型。根据案例可知：(1)"该企业加强内部成本控制，以低成本获得竞争优势"，这实施的是成本领先战略；(2)"独家推出高效节能的空调"，属于差异化战略；(3)"该企业积极进军手机行业"，属于多元化战略。所选为 ABD。

83. D 【解析】本题考查不确定型决策方法中的折中原则。

方案	max	min
甲产品	450	-200
乙产品	400	-270
丙产品	510	-150
丁产品	500	80

甲产品的损益值为 450×0.75+(-200)×(1-0.75)= 287.5(万元)。

乙产品的损益值为 400×0.75+(-270)×(1-0.75)= 232.5(万元)。

丙产品的损益值为 510×0.75+(-150)×(1-0.75)= 345(万元)。

丁产品的损益值为 500×0.75+80×(1-0.75)= 395(万元)。

max{287.5,232.5,345,395}=395,对应的方案为丁产品。

84. ACD 【解析】本题考查定性决策方法。定性决策方法包括:头脑风暴法、德尔菲法、名义小组技术和哥顿法。选项 B 是战略控制的方法。

(二)

85. B 【解析】本题考查目标市场的策略。由于图书市场呈现较强的异质性,因此为获取竞争优势,应优先采取差异性营销策略。差异性营销策略是一种以市场细分为基础的营销策略,而市场细分的基础是消费需求的差异性。

86. ABC 【解析】本题考查消费者市场分析的标准。消费者市场细分的主要变量有地理变量、人口变量、心理变量和行为变量。

87. B 【解析】本题考查成本加成定价法的计算。产品价格=单位成本×(1+加成率)= 20×(1+20%)= 24(元)。

88. AB 【解析】本题考查需求导向定价法的具体方法。需求导向定价法主要包括认知价值定价法和需求差别定价法。

(三)

89. D 【解析】本题考查在制品定额法。在制品定额法也叫连锁计算法,适合大批大量生产类型企业的生产作业计划编制。所以选项 D 符合题意。

90. C 【解析】本题考查在制品定额法。本车间投入量=本车间出产量+本车间计划允许废品及损耗量+(本车间期末在制品定额-本车间期初在制品预计结存量)= 2 000+50+(300-150)= 2 200(件)。

91. B 【解析】本题考查在制品定额法。乙车间出产量=丙车间投入量+乙车间半成品外销量+(乙车间期末库存半成品定额-乙车间期初预计库存半成品结存量)= 2 000+1 000+(400-200)= 3 200(件)。

92. A 【解析】本题考查在制品定额法。在制品定额法是运用预先制定的在制品定额,按照工艺反顺序计算方法,调整车间的投入和出产数量,顺次确定各车间的生产任务。所以,该企业应最后编制甲车间的生产作业计划。

(四)

93. D 【解析】本题考查人力资源内部供给预测的方法。最常用的人力资源内部供给预测方法有三种:人员核查法、管理人员接续计划法、马尔可夫模型法。选项 A、B、C 属于人力资源需求预测方法。

94. ABC 【解析】本题考查影响企业外部人力资源供给的因素。影响企业外部人力资源供给的因素主要有:本地区的人口总量与人力资源供给率、本地区的人力资源的总体构成、宏观经济形势和失业率预期、本地区劳动力市场的供求状况、行业劳动力市场供求状况和职业市场状况等。

95. C 【解析】本题考查一元回归分析法的计算。$y = 19+0.05x = 19+0.05×1 100 = 74$(人)。

96. B 【解析】本题考查转换比率分析法的计算。题干已知今年销售额将达到 1 100 万元,明年销售额将达到 1 700 万元,增长额为 600 万元。且销售额每增加 600 万元,需增加管理人员、销售人员和客服人员共 50 名,所以明年需新增管理人员、销售人员和客服人员共 50 名。其中管理人员、销售人员和客服人员的比例是 1:6:3,所以新增客服人员=50×[3/(1+6+3)] = 15(人)。

(五)

97. B 【解析】本题考查投资回收期的计算。

年份	0	1	2	3	4	5
净现金流量	-1 200	400	400	400	400	300
累计净现金流量	-1 200	-800	-400	0	400	700

该项目投资回收期是3年。

98. C 【解析】本题考查净现值的计算。该项目的净现值 = 400×3.17 + 300×0.621 - 1 200 = 254.30（万元）。

99. AD 【解析】本题考查净现值的优点。净现值考虑了资金的时间价值，能够反映各种投资方案的净收益。其缺点是不能揭示各个投资方案本身可能达到的实际报酬率是多少。

100. AC 【解析】本题考查投资回收期的缺点。投资回收期没有考虑资金的时间价值，没有考虑回收期满后的现金流量。

最后冲刺套题(三)参考答案及详细解析

一、单项选择题

1. C 【解析】本题考查企业战略管理的相关内容。企业战略管理的主体是企业战略管理者,所以选项 C 错误。

2. A 【解析】本题考查生产作业计划的编制。在制品定额法也叫连锁计算法,适合大批大量生产类型企业的生产作业计划编制。

3. B 【解析】本题考查行业生命周期分析。行业生命周期分为四个阶段,即选项 A、B、C、D,其中进入第二阶段成长期时,行业产品已较完善,顾客对产品已有认识,市场迅速扩大,企业的销售额和利润迅速增长。同时,有不少后续企业参加进来,行业的规模扩大,所以竞争日趋激烈,那些不成功的企业已开始退出。

4. A 【解析】本题考查企业经营战略的选择。该制造商针对3岁以下的幼儿设计"幼童速成学习法"玩具系列,属于集中战略。

5. B 【解析】本题考查一体化战略的类型。后向一体化战略是通过资产纽带或契约方式,企业与输入端企业联合形成一个统一的经济组织,从而达到降低交易费用及其他成本、提高经济效益目的的战略。题干中的情形属于后向一体化战略。

6. D 【解析】本题考查钻石模型。波特教授认为,决定一个国家某种产业竞争力的要素有四个,即生产要素、需求条件、相关支撑产业以及企业战略、产业结构和同业竞争。

7. D 【解析】本题考查不确定型决策方法中的乐观原则。

损益值 市场状态 方案	畅销	一般	滞销	max
Ⅰ	50	40	20	50
Ⅱ	60	50	10	60
Ⅲ	70	60	0	70
Ⅳ	90	80	-20	90

$\max\{50,60,70,90\}=90$,所以选 D。

8. C 【解析】本题考查法人产权的含义。法人产权是指公司作为法人对公司财产的排他性占有权、使用权、收益权和处分转让权。

9. A 【解析】本题考查股东的义务。缴纳出资义务既是股东的法定义务,也是约定义务。

10. B 【解析】本题考查股东行使表决权的依据。一股一权是股份有限公司股东行使股权的重要原则。

11. B 【解析】本题考查国有独资公司的相关内容。国有独资公司只有一个股东,因此其不设股东会,由国有资产监督管理机构行使股东会职权。

12. B 【解析】本题考查股份有限公司的董事任期。股份有限公司或有限责任公司的董事任期由公司章程规定,但每届任期不得超过3年,任期届满,连选可以连任。

13. B 【解析】本题考查董事会的会议。我国《公司法》对股份有限公司董事会定期会议的召开期限作了规定,即每年度至少召开两次。

14. D 【解析】本题考查国有独资公司的监督机构。国有资产监督管理机构向国有独资公司派出监事会的目的是从体制上、机制上加强对国有企业的监管,促进企业董事、高级经理人员忠实勤勉地履行职责,确保国有资产及其权益不受侵犯。

15. A 【解析】本题考查市场。市场由人口、购买力与购买欲望三个要素构成。

16. C 【解析】本题考查无需求的概念。无需求是指顾客对为其设计、提供的产品漠不关心,认为可有可无的需求状态。这种状态产生的原因有:人们不了解产品;不习惯使用这种产品;认为过去没有这种东西没觉得不好,现在有了这种产品也没感觉有太大变化。

17. D 【解析】本题考查目标市场的策略。无差异营销策略与差异性营销策略、集中性营销策略的区别在于无差异营销策略不进行市场细分,而其他两种策略都是在市场细分的基础上进行的,选项 D 错误。

18. A 【解析】本题考查目标利润定价法的计算。单位成本=单位可变成本+固定成本÷销售量=25+350 000÷50 000=32(元),目标价格=单位成本+目标收益率×资本投资额÷销售量=32+30%×2 000 000÷50 000=44(元)。

19. A 【解析】本题考查折扣与折让定价策略的形式。现金折扣是指对按约定日期付款的客户给予一定比例的折扣。典型例子是"2/10,$n/30$",即 10 天内付款的客户可享受 2%的优惠,30 天内付款的消费者全价照付。

20. A 【解析】本题考查定价策略。选项 B 是折扣与折让定价策略;选项 C 和 D 是心理定价策略。

21. D 【解析】本题考查心理定价策略的形式。某酒店推出的每日一个"特价菜",属于心理定价策略中的招徕定价策略。

22. B 【解析】本题考查影响企业生产能力的因素。影响企业生产能力的主要因素有:固定资产的数量、固定资产的工作时间、固定资产的生产效率。

23. C 【解析】本题考查流水线生产能力的计算。$M=F/r=(8×60)/5=96(件)$。

24. D 【解析】本题考查中介性权力。中介性权力包括奖励权、强迫权和法律法定权。

25. B 【解析】本题考查生产控制的基本程序。正偏差表示目标值大于实际值,负偏差表示实际值大于目标值。对于产量、利润、劳动生产率,正偏差表示没有达标,需要考虑控制。对于成本、工时消耗等目标,正偏差表示优于控制标准。

26. A 【解析】本题考查库存控制的基本方法。定量控制法是连续不断地监视库存余量的变化,当库存量达到某一预定数值时,即向供货商发出固定批量的订货请求,经过一定时间后货物到达,补充库存。

27. A 【解析】本题考查生产控制的方式。事中控制方式是通过对作业现场获取信息,实时地进行作业核算,并把结果与作业计划有关指标进行对比分析。若有偏差,及时提出控制措施并实时地对生产活动实施控制,以确保生产活动沿着当期的计划目标而展开,控制的重点是当前的生产过程。

28. C 【解析】本题考查库存的合理控制。机会成本包括两个内容:其一是由于库存不够带来的缺货损失,其二是物料本身占用一定资金,企业会失去将这部分资金改作他用的机会,由此给企业造成损失。

29. A 【解析】本题考查物流的概念。物流是一个物品的实体流动过程,在流通过程中创造价值、满足顾客及社会性需求,也就是说物流的本质是服务。

30. C 【解析】本题考查企业采购管理。企业采购管理可分为无形采购和有形采购。在无形采购中,仅用于服务、维护、保养等内容,所以 A 选项错误;企业采购管理是从资源市场获取资源的过程,所以 B 选项错误;企业采购管理是一种经济活动,所以 D 选项错误;企业采购管理的基本作用,就是将资源从供应商转移到用户的过程,C 选项正确。

最后冲刺套题(三)参考答案及详细解析

31. A 【解析】本题考查企业生产物流的基本特征。比例性和协调性是指生产过程的各个工艺阶段之间、各工序之间在生产能力上要保持一定的比例以适应产品制造的要求。

32. C 【解析】本题考查单一品种大批量型生产物流的特征。单一品种大批量型生产物流的特征：(1)由于生产的重复程度高、稳定，容易制订相关的物料需求计划，因此对物料很容易控制；(2)由于产品结构相对稳定，从而物料的消耗定额能准确制定；(3)由于生产品种的单一性，物料需求变化小，容易与供应商建立长期稳定的协作关系，采购物流也容易控制；(4)由于生产高度专业化，企业的生产系统自动化水平高，在生产物流的具体作业环境可以使用各种先进的技术设备，提高劳动生产率。选项C错误，应为物料的消耗定额能准确制定。

33. A 【解析】本题考查企业生产物流管理的效率性目标。效率性目标是指为产品提供畅通的物料流转渠道，保证生产物流的连续性和高效率。

34. C 【解析】本题考查企业库存管理与控制的内容。库存管理的使命是：保证物料的质量，尽力满足用户的需求，采取适当措施，节约管理费用，以便降低成本，故A选项正确。在途库存是指在运输途中的库存，故B选项正确。库存是指存储作为今后按预定的目的使用而处于闲置或非生产状态的物品，故C选项错误。企业库存管理的意义：有利于资金周转，有利于进行运输管理及有效地开展仓库管理工作，故D选项正确。

35. D 【解析】本题考查企业销售物流概述。企业销售物流是企业在销售过程中，将产品的所有权转给用户的物流活动，是产品从生产地到用户的时间和空间的转移。

36. C 【解析】本题考查技术创新的过程与模式。A-U过程创新模式包括不稳定阶段、过渡阶段和稳定阶段。其中在不稳定阶段，产品创新和工艺创新都呈上升趋势，但产品创新明显强于工艺创新，这是产业发展的初期阶段。所以选C。

37. A 【解析】本题考查技术创新的过程与模式。2006年我国颁布的《国家中长期科学和技术发展规划纲要》明确提出，国家创新体系是以政府为主导、充分发挥市场配置资源的基础性作用、各类科技创新主体紧密联系和有效互动的社会系统。所以选A。

38. D 【解析】本题考查技术创新决策的评估方法。技术创新决策的定量评估方法包括：折现现金流方法和风险分析，其中风险分析包括敏感性分析、概率分析。选项A、B、C属于定性评估方法。

39. D 【解析】本题考查技术组合分析的相关知识。在技术组合分析图的第Ⅲ象限，技术的相对竞争地位弱，技术的重要性较弱，因此，应该采取的策略是撤出，并终止进一步技术投资，选项D正确。选项A是第Ⅱ象限采取的策略，选项B是第Ⅳ象限采取的策略，选项C是第Ⅰ象限采取的策略。

40. B 【解析】本题考查企业联盟的主要形式。企业联盟的主要形式是技术联盟。

41. A 【解析】本题考查技术咨询合同的定义。技术咨询合同是一方当事人(受托方)为另一方(委托方)就特定技术项目提供可行性论证、技术预测、专题技术调查、分析评价所订立的合同。

42. D 【解析】本题考查企业知识产权的保护策略。以取得技术排他权为目标，企业选择的优先顺序是：《专利法》《技术秘密保护》《著作权法》《合同法》和《商标法》。

43. B 【解析】本题考查德尔菲法的定义。德尔菲法是由有经验的专家依赖自己的知识、经验和分析判断能力，对企业的人力资源管理需求进行直觉判断与预测。

44. A 【解析】本题考查绩效考核实施阶段的内容。绩效考核实施阶段的主要任务是绩效沟通与绩效考核评价。

45. C 【解析】本题考查普通股资本成本率的计算。$K_c = D/P_0 = 2 \div 20 = 10\%$。

46. A 【解析】本题考查绩效考核的方法。平衡计分卡以企业战略为导向，寻找能够驱动战略成功的关键成功因素，并建立与关键成功因素有密切联系的关键绩效指标体系。平衡计分卡在传统的财务考核指标的基础上，还兼顾了其他三个重要方面的绩效反映，即顾客角度、内部流程角度、学习与成长角度。

47. D 【解析】本题考查影响薪酬管理的主要因素。影响企业薪酬管理的外部因素包括：法律法规；物价水平；劳动力市场的状况；其他企业的薪酬状况。选项 D 属于员工个人因素。

48. B 【解析】本题考查薪酬等级的相关知识。薪酬区间的最低值＝区间中值×(1－薪酬浮动率)＝4 000×(1－15%)＝3 400(元)。

49. C 【解析】本题考查以职位为导向的基本薪酬设计。因素比较法与计点法的相同之处，需要首先找出各类职位共同的"付酬因素"。但是与计点法的不同之处是它舍弃了代表职位相对价值的抽象分数，而直接用相应的具体薪金值来表示各职务的价值。

50. B 【解析】本题考查后付年金的现值。$P = A \cdot \frac{1-(1+i)^{-n}}{i} = 10 \times \frac{1-(1+6\%)^{-2}}{6\%} = 18.33(万元)$。

51. C 【解析】本题考查资本成本的内容。资本成本从绝对量的构成来看，包括用资费用和筹资费用两部分。

52. D 【解析】本题考查营业杠杆系数的概念。营业杠杆系数也称营业杠杆程度，是息税前盈余的变动率相当于销售额(营业额)变动率的倍数。

53. B 【解析】本题考查每股利润分析法。每股利润分析法是利用每股利润无差别点进行资本结构决策的方法。每股利润无差别点是指两种或两种以上筹资方案下普通股每股利润相等时的息税前盈余点。

54. D 【解析】本题考查初始现金流量的计算。初始现金流量是指开始投资时发生的现金流量，包括固定资产投资、流动资产投资、其他投资费用、原有固定资产的变价收入。该项目的初始现金流量＝200+500+50＝750(万元)。

55. B 【解析】本题考查非贴现的现金流量指标。非贴现的现金流量指标是指不考虑货币时间价值的指标，一般包括投资回收期(静态)和平均报酬率。

56. A 【解析】本题考查纵向并购。纵向并购是处于同类产品且不同产销阶段的两个或多个企业所进行的并购。

57. D 【解析】本题考查网络营销的特点。网络营销的高效性指的是互联网传送的信息数量与精确度，远超过其他媒体，并更适应市场需求，企业通过及时更新产品或调整价格，能够达到及时有效了解并满足顾客的需求的目的。

58. A 【解析】本题考查电子商务的一般框架。网络层是指网络基础设施，即所谓的"信息高速公路"，是实现电子商务的最底层的硬件基础设施。

59. D 【解析】本题考查国际化经营模式。交叉许可是指技术交易的双方通过许可证协议相互交换各自的技术使用权，一般不收取费用。

60. D 【解析】本题考查网络市场间接调研的方法。网络市场间接调研的方法包括：利用搜索引擎查找资料、访问相关网站收集资料、利用网上数据库查找资料。

二、多项选择题

61. ABD 【解析】本题考查企业战略的层次。企业战略一般分为三个层次：企业总体战略、企业业务战略(也称竞争战略或事业部战略)和企业职能战略。

62. ACDE 【解析】本题考查定性决策方法。定性决策方法主要有：头脑风暴法、德尔菲法、名义小组技术、哥顿法。

63. ABDE 【解析】本题考查有限责任公司的股东会决议。有限责任公司股东会的特别决议包括：做出修改章程、增加或者减少注册资本的决议，以及公司合并、分立、解散或者变更公司形式的决议。

64. ABCE 【解析】本题考查独立董事向董事会和股东大会发表独立意见的事项。独立董事应当对以下事项向董事会或股东大会发表独立意见:(1)提名、任免董事;(2)聘任或解聘高级管理人员;(3)公司董事、高级管理人员的薪酬;(4)上市公司的股东、实际控制人及其关联企业对上市公司现有或新发生的总额高于 300 万元或高于上市公司最近经审计净资产值的 5%的借款或其他资金往来,以及公司是否采取有效措施回收欠款;(5)独立董事认为可能损害中小股东权益的事项;(6)公司章程规定的其他事项。选项 D 属于独立董事的职权。

65. ABC 【解析】本题考查目标市场策略。在特定的目标市场内,可供企业选择的市场策略主要有:无差异营销策略、差异性营销策略和集中性营销策略。

66. ABCE 【解析】本题考查渠道冲突的处理。选项 D 错误,应采用人员交换的做法减少冲突。

67. BC 【解析】本题考查确定控制标准方法中的类比法。类比法既可以参照本企业的历史水平制定标准,也可参照同行业的先进水平制定标准。

68. ABE 【解析】本题考查库存管理成本。库存管理成本包括仓储成本、订货成本、机会成本。

69. ABC 【解析】本题考查企业生产物流管理的目标。企业生产物流管理的目标有效率性、经济性、适应性目标。

70. DE 【解析】本题考查企业生产物流的类型。选项 A、B、C 是从生产专业化的程度的角度对企业生产物流进行划分的。选项 D、E 是从物料在生产工艺过程中的流动特点的角度对企业生产物流进行划分的。

71. AE 【解析】本题考查项目组合评估。常用的项目组合评估方法有矩阵法和项目地图法。

72. ACD 【解析】本题考查企业联盟。平行模式的企业联盟适用于某一市场机会的产品联合开发及长远战略合作,选项 B 错误。平行模式联盟伙伴地位平等、独立,选项 E 错误。

73. BCD 【解析】本题考查技术贸易的主要特点。选项 A 错误,技术买卖的标的不是有形的商品,而是无形的技术知识。选项 E 错误,技术贸易转让的是技术的使用权,而不能转让技术的所有权。

74. ABC 【解析】本题考查人力资源规划的内容。企业人力资源规划中的劳动关系计划的目标主要有降低非期望离职率、改善劳动关系、减少投诉和争议。选项 D、E 属于人员培训开发计划的目标。

75. ABE 【解析】本题考查关键绩效指标法。基于建立关键绩效指标(KPI)的两条主线(即:按组织结构分解,"目标—手段"法;按主要流程分解,目标责任法),一般有三种方法来建立企业的 KPI 指标体系:依据部门承担责任的不同、依据职类职种工作性质的不同、依据平衡计分卡建立 KPI 指标体系。

76. ACDE 【解析】本题考查员工持股制度的相关知识。员工所持有的股份可以是企业无偿分配的,也可以是企业以优惠的价格卖给本企业员工的,选项 B 错误。

77. ABC 【解析】本题考查普通股资本成本率的测算。影响普通股资本成本率的因素有普通股融资净额(即发行价格扣除发行费用)、股利。

78. BC 【解析】本题考查企业价值评估。收益法常用的具体方法包括股利折现法和现金流量折现法。

79. AC 【解析】本题考查电子商务对企业经营管理的影响。电子商务对管理思想的影响:(1)企业需要树立全球化观念。(2)企业需要树立标准化观念。(3)企业需要树立快速创新的观念。(4)企业需要树立注重知识的观念。

80. ABCD 【解析】本题考查网络营销的特点。网络营销的特点有:跨时域性;交互式;个性化;经济性;多维性;超前性;整合性;高效性;技术性。

三、案例分析题

(一)

81. AD 【解析】本题考查企业的战略选择。该公司不断针对不同类型人群,推出具有独特功能和款式的新型手机,这采取的是差异化战略。该公司同时涉及手机、计算机、网络、软件等领域,它们都属于相关联的行业,所实施的是相关多元化战略。因此选 AD。

82. ABC 【解析】本题考查紧缩战略的类型。紧缩战略的类型有:转向战略、放弃战略、清算战略。选项 D 属于稳定战略。

83. C 【解析】本题考查不确定型决策方法中的乐观原则。采取乐观原则计算如下:

方案 \ 市场状态 损益值	畅销	一般	滞销	max
A 型	50	40	10	50
B 型	70	50	0	70
C 型	80	60	-10	80

max{50,70,80}=80,对应的 C 型为选取方案。所以选 C。

84. C 【解析】本题考查不确定型决策方法中的等概率原则。各方案的平均值为:
A 型:$50×1/3+40×1/3+10×1/3=33$
B 型:$70×1/3+50×1/3+0×1/3=40$
C 型:$80×1/3+60×1/3+(-10)×1/3=43$
max{33,40,43}=43,应选 C 型。

(二)

85. B 【解析】本题考查产品组合宽度。产品组合宽度指企业所经营的不同产品线的数量。本题中,该企业包括四条产品线。

86. C 【解析】本题考查市场定位策略。重新定位策略:如果竞争者的产品定位于本企业产品的附近,侵占本企业的部分市场;或消费者及用户偏好发生了变化,转移到竞争者的产品上时,企业就必须考虑为自己的产品重新定位,改变市场对其原有的印象,使目标顾客对其建立新的认识。

87. C 【解析】本题考查盈亏平衡产量的计算。盈亏平衡产量=固定成本/(价格-单位可变成本)=2 000 000/(4-2)=1 000 000(块)。

88. ABC 【解析】本题考查渠道管理概述。分销渠道管理目标包括:市场占有率、利润额、销售增长额。

(三)

89. D 【解析】本题考查技术价值的评估方法。技术性能修正系数为 1.15,时间修正系数为 1.1,技术寿命修正系数为 1.2。经调查,两年前类似技术交易转让价格为 50 万元。根据公式 $P=P_0×a×b×c=50×1.15×1.1×1.2=75.9(万元)$。

90. C 【解析】本题考查技术合同的类型。专利实施许可转让合同是专利权人或者专利权人的授权人作为转让人,许可他人在支付一定的价款后,在规定的范围内实施其专利而订立的合同。结合题干"甲企业与乙企业签订合同约定,甲企业支付款项后可以使用该项技术"可知,选项 C 符合题意。

91. C 【解析】本题考查企业研发的模式。委托研发又称研发外包,即企业将所需技术的研发工作通过协议委托给外部的企业或者机构来完成。结合题干"甲企业同丙企业签订合作协议,将相关技术研发委托给丙企业。"可知选项 C 符合题意。

92. AD 【解析】本题考查知识产权管理。我国《专利法》规定,发明专利的期限为 20 年,实用新型和外观设计专利权的期限为 10 年,均自申请之日起计算。结合题干"技术开发成功后,甲企业于

2017年9月17日向国家专利部门提交了发明专利申请",发明专利权有效期至2037年9月16日,选项A正确;超过各自规定的年限,就不再称为专利了,也不再受到《专利法》的保护,从而成为公用物品,选项D正确。

(四)

93. BD 【解析】本题考查人力资源供给预测。人力资源供给预测包括内部供给预测和外部供给预测两方面。最常用的内部供给预测方法有三种:人员核查法、管理人员接续计划法和马尔可夫模型法。

94. C 【解析】本题考查马尔可夫模型法。根据题干可知,该企业2020年市场营销主管的内部供给量=0.7×20+0.1×100=24(人)。

95. A 【解析】本题考查人力资源规划的内容。具体计划是指为实现企业人力资源的总体规划,而对企业人力资源各方面具体工作制定工作方案与措施,具体包括:人员补充计划、人员使用计划、人员接续及升迁计划、人员培训开发计划、薪酬激励计划等。

96. CD 【解析】本题考查人力资源供给预测。企业进行人力资源外部供给预测时,必须考虑影响企业外部人力资源供给的因素。这些因素主要包括:本地区的人口总量与人力资源供给率、本地区的人力资源的总体构成、宏观经济形势和失业率预期、本地区劳动力市场的供求状况、本行业劳动力市场供求状况和职业市场状况等。

(五)

97. D 【解析】本题考查财务杠杆系数的计算。财务杠杆系数=息税前利润额/(息税前利润额−债务年利息额)=2.2/(2.2−1.1)=2。

98. C 【解析】本题考查综合资本成本率的计算。综合资本成本率=1/3×15%+2/3×7%=9.67%。

99. A 【解析】本题考查资本结构的相关知识。资本成本理论及杠杆理论都与资本结构有关,综合起来研究的目的是优化资本结构。

100. AC 【解析】本题考查筹资决策的相关知识。银行贷款在筹资总额中的比重增加,会使综合资本成本率降低。提高银行贷款,负债增加,从而资产负债率提高。

最后冲刺套题(四)参考答案及详细解析

一、单项选择题

1. **D** 【解析】本题考查企业战略层次。企业职能战略是为实现企业总体战略而对企业内部的各项关键的职能活动做出的统筹安排,是为贯彻、实施和支持总体战略与业务战略而在特定的职能领域内所制定的实施战略,包括生产制造战略、市场营销战略、财务管理战略、人力资源管理战略和研究与开发战略等。题干中"拟定了新的市场营销战略",可知该企业的此项战略属于企业职能战略。

2. **A** 【解析】本题考查企业战略实施的模式。指挥型模式的特点有:战略制定者要向企业高层领导提交企业战略的方案,企业高层领导研究确定战略,向企业管理人员宣布企业战略,然后强制下层管理人员执行。

3. **A** 【解析】本题考查宏观环境分析中的经济环境。经济环境是指企业所在地区或国家国民经济发展概况,主要包括宏观和微观两个方面。金融危机导致经济衰退,反映的是一国的经济状况,因此属于经济环境。

4. **A** 【解析】本题考查价值链分析。价值链的主体活动包括:原料供应、生产加工、成品储运、市场营销、售后服务。价值链的辅助活动包括:企业基础职能管理、人力资源管理、技术开发、采购。

5. **C** 【解析】本题考查基本竞争战略中的差异化战略。差异化战略是通过提供与众不同的产品或服务,满足顾客的特殊需求,从而形成一种独特的优势。其适用范围包括企业要有很强的研究开发能力和市场营销能力、产品或服务具有领先的声望等。

6. **D** 【解析】本题考查企业经营决策的要素。决策结果指决策实施后所产生的效果和影响,这是决策系统的又一基本要素。

7. **B** 【解析】本题考查国际市场进入模式。契约进入模式是指企业通过与目标市场国家的企业之间订立长期的、非投资性的无形资产转让合作合同或契约而进入目标国家市场,包括许可证经营、特许经营、合同制造、管理合同等多种形式。

8. **D** 【解析】本题考查经营者的选择方式。科学的经营者选择方式应该是市场招聘和内部选拔并举。

9. **B** 【解析】本题考查股东概述的内容。《公司法》对发起人转让股份的行为作了限制,规定发起人持有的本公司股份自公司成立之日起一年内不得转让。

10. **D** 【解析】本题考查股东的法律地位。我国《公司法》规定,公司以其全部财产对公司的债务承担责任,有限责任公司的股东以其认缴的出资额为限对公司承担责任,股份有限公司的股东以其认购股份为限对公司承担责任。

11. **B** 【解析】本题考查董事会会议。有权提议召开董事会临时会议的人员有:代表十分之一以上表决权的股东、三分之一以上董事或者监事会。董事长应当自接到提议后10日内,召集和主持董事会会议。

12. **D** 【解析】本题考查独立董事的职权。独立董事除应具有公司法和其他现行法律法规赋予董事的职权外,还具有下列职权:(1)重大关联交易应由独立董事认可后,提交董事会讨论;(2)向董事会提议聘用或解聘会计师事务所;(3)向董事会提请召开临时股东大会;(4)提议召开董事会;(5)独立聘请外部审计机构和咨询机构;(6)可以在股东大会召开前公开向股东征集投票权。选项D是监事会的职权。

13. **B** 【解析】本题考查独立董事的人数。中国证监会《指导意见》要求上市公司在2003年6月30日前董事会成员中应当至少包括三分之一独立董事。

14. B 【解析】本题考查有限责任公司的监督机构。监事的任期每届为三年。

15. D 【解析】本题考查现代市场营销观念。现代市场营销观念是一种以顾客的需要和欲望为导向的市场营销管理哲学，它以整体营销为手段，来取得顾客的满意，从而实现企业的长期利益。"消费者需要什么，我们就生产什么""市场需要什么，我们就卖什么""哪里有消费者的需要，哪里就有营销机会"。

16. A 【解析】本题考查目标市场的无差异营销策略。无差异营销策略降低了营销成本，节省了促销费用，但长期使用此策略，必然导致一部分差异性需求得不到满足。

17. B 【解析】本题考查产品层次中的有形(形式)产品。有形(形式)产品包括产品的包装、质量、品牌、特色和设计等。

18. A 【解析】本题考查定价策略。撇脂定价策略是指在新产品上市之初，将价格定得很高，尽可能在短期内赚取高额利润。

19. C 【解析】本题考查成本加成定价法的计算。单位成本＝单位可变成本＋固定成本÷销售量＝15＋350 000÷70 000＝20(元)，产品价格＝产品单位成本×(1＋加成率)＝20×(1＋20%)＝24(元)。

20. A 【解析】本题考查制定广告预算的方法。量力而行法即根据企业在某一时期能承担的财力来分配广告费用，这种方法比较简单易行，很多资金有限的中小企业往往采用这种方法。

21. D 【解析】本题考查品牌资产。在品牌资产的"五星"概念模型中，品牌知名度是指消费者对一个品牌的记忆程度。

22. C 【解析】本题考查设计生产能力的概念。设计生产能力是指企业在搞基本建设时，在设计任务书和技术文件中所写明的生产能力。

23. C 【解析】本题考查作业场地生产能力的计算。该钳工车间的日生产能力＝(单位面积有效工作时间×生产面积)/(单位产品占用生产面积×单位产品占用时间)＝(8×400)/(2.5×1)＝1 280(件)。

24. D 【解析】本题考查生产周期的概念。生产周期是指一批产品或零件从投入到产出的时间间隔。

25. A 【解析】本题考查质量感知差距产生的原因。质量感知差距产生的原因有市场调查和分析信息不准确，对顾客期望的服务了解不准确，没作需求分析，顾客需求信息在传递中改变等。

26. A 【解析】本题考查生产调度工作的基本要求。生产调度工作必须以生产进度计划为依据，这是生产调度工作的基本原则。

27. A 【解析】本题考查企业资源计划的内容。企业资源计划主要包括生产控制模块、物流管理模块、财务管理模块、人力资源管理模块。其中生产控制模块是企业资源计划(ERP)的核心模块。

28. C 【解析】本题考查丰田生产方式。贯穿丰田生产方式的两大支柱是准时化和自动化。

29. A 【解析】本题考查连锁型零售企业。连锁型零售企业的物流特点集中于供应物流。

30. B 【解析】本题考查企业采购管理的原则。企业采购管理的原则包括：适当的数量、适当的品质、适当的时间、适当的价格和适当的地点。

31. A 【解析】本题考查企业仓储管理的供需调节功能。供需调节功能体现在，生产和消费不可能完全同步，像粮食等产品，生产节奏有间隔而消费则是连续的，这就需要有仓储作为平衡环节加以调控，把生产和消费协调起来。

32. D 【解析】本题考查安全库存的概念。安全库存是指为了防止由于不确定因素(如大量突发性订货、交货期突然延期等)而准备的缓冲库存。

33. B 【解析】本题考查经济订货模型的相关知识。在数量折扣下，价格的降低通常是离散的或者是跳跃的，而不是连续变化的，选项 B 错误。

34. D 【解析】本题考查企业销售物流综合绩效评价。建立销售物流综合绩效考评体系的原则：整体性原则、可比性原则、经济性原则、定量与定性相结合的原则。

35. D 【解析】本题考查企业销售物流的效率评价指标。客户的投诉率属于企业销售物流的客户满意度评价指标。

36. C 【解析】本题考查产品创新。产品创新是建立在产品整体概念基础上以市场为导向的系统工程,是功能创新、形式创新、服务创新多维交织的组合创新。

37. C 【解析】本题考查技术创新的过程与模式。交互作用创新模式表明技术创新是技术和市场交互作用共同引发的,技术推动和需求拉动的相对重要性在产业及产品生命周期的不同阶段可能有着显著的不同。此图代表的是交互作用的创新过程模式。

38. C 【解析】本题考查 A-U 过程创新模式。在 A-U 过程创新模式中,过渡阶段的产品创新逐渐减少,而工艺创新继续呈上升趋势,且超越产品创新,通过"纠错"形成了主导设计。

39. D 【解析】本题考查企业研发的模式。项目合作:如 IBM 公司从一些著名高校中挑选出有重要价值的科研项目,与高校共同研发,并将此称为"共享的大学研究项目"。

40. B 【解析】本题考查联邦模式。联邦模式的动态联盟的组织结构一般可以分为两层:即核心层和外围层,协调机制是联盟协调委员会。

41. A 【解析】本题考查效益模型的计算。

$$P = \sum_{t=1}^{n} \frac{B_t}{(1+i)^t} = 10 \times 50 \times 0.909 + 10 \times 50 \times 0.826 + 8 \times 50 \times 0.751 + 7 \times 50 \times 0.683 + 9 \times 50 \times 0.621 = 1\,686.4$$

(万元)。

42. A 【解析】本题考查知识产权管理。世界知识产权组织把知识产权界定为:(1)关于文学、艺术和科学作品的权利;(2)关于表演艺术家的表演以及唱片和广播节目的权利;(3)关于人类一切活动领域的发明的权利;(4)关于科学发现的权利;(5)关于工业品外观设计的权利;(6)关于商标、服务标记以及商业名称和标志的权利;(7)关于制止不正当竞争的权利;(8)在工业、科学、文学艺术领域内由于智力创造活动而产生的一切其他权利。

43. D 【解析】本题考查管理人员判断法。管理人员判断法是一种粗略的、简便易行的人力资源需求预测方法,主要适用于短期预测。

44. B 【解析】本题考查绩效考核的实施阶段。绩效沟通是指围绕员工工作绩效问题而进行的上下级的交流、讨论和协商,它贯穿于绩效考核的整个周期内和整个过程中。

45. C 【解析】本题考查绩效的特点。绩效的变动性是指员工个人的绩效不是固定不变的,随着时间的推移和主客观条件的变化,绩效也会发生变化,因此,要用变化发展的观点看待绩效问题。

46. D 【解析】本题考查转换比率分析法的定义。转换比率分析法是根据历史数据,把企业未来的业务活动量转化为人力资源需求的预测方法。

47. B 【解析】本题考查薪酬对员工的激励功能。从心理学角度来说,薪酬是个人和企业之间的一种心理契约,这种契约通过员工对于薪酬状况的感知而影响员工的工作行为、工作态度以及工作绩效,即产生激励作用。

48. A 【解析】本题考查职位分类法的概念。职位分类法是将企业中的所有职位划分为若干类型,如可以把企业中的职位划分为管理类、技术类、操作类(或生产类)、财务类、营销类、行政类等职位类型,然后根据各类职位对企业的重要程度和贡献,确定每一类职位中所有员工的薪酬水平。

49. C 【解析】本题考查福利的内容。法定之外的由于某种原因而为员工另外提供的各种假期、休假,为员工及其家属提供的各种服务项目(如儿童看护、老人护理等),以及灵活多样的员工退休计划等,这类福利称为企业自主福利。

50. C 【解析】本题考查递延年金的概念。递延年金是指在前几个周期内不支付款项,到了后面几个周期时才等额支付的年金形式。

最后冲刺套题(四)参考答案及详细解析

51. A 【解析】本题考查长期借款资本成本率的测算。$K_l = \dfrac{I_l(1-T)}{L(1-F_l)} = \dfrac{2\times 6.5\%\times(1-25\%)}{2\times(1-0.5\%)} = 4.90\%$。

52. A 【解析】本题考查财务杠杆系数的意义。财务杠杆系数是指普通股每股收益变动率与息税前盈余变动率的比值。所以当公司息税前盈余增长1倍时，普通股每股收益将增长1.8倍。

53. D 【解析】本题考查一次性收付款项的复利现值计算。$P = F(1+i)^{-n} = 500\times(1+10\%)^{-5} = 500\times 0.6209 \approx 310(万元)$。

54. B 【解析】本题考查每股利润分析法决策规则。当企业的实际息税前盈余大于无差别点时，选择资本成本固定型筹资方式(银行贷款、发行债券、优先股)筹资较为有利；实际息税前盈余小于无差别点时，选择资本成本非固定型筹资方式(普通股)筹资较为有利。

55. C 【解析】本题考查债转股的含义。债转股是指公司债权人将其对公司享有的合法债权转为出资(认购股份)，增加公司注册资本的行为。

56. D 【解析】本题考查企业价值评估。市销率估值法的计算公式为：目标企业的价值 = 销售收入(营业收入)×标准市销率。

57. D 【解析】本题考查电子商务中商流、资金流、物流、信息流的关系。在整个电子商务活动中，商流、资金流、物流必然伴随着信息的传递，一方面卖方向买方传递商品信息、结算信息、付货信息，另一方面买方向卖方传递购买信息、付款信息、收货信息，这种信息的双向传递过程是电子商务活动达成的一种必需手段。

58. C 【解析】本题考查电子商务运作系统的组成要素。电子商务是一种在虚拟互联网空间进行的商务模式，为了保证相关主体身份的真实性和交易的安全性，这就需要一个具有权威性和公正性的第三方信任机构，即CA认证中心。

59. C 【解析】本题考查国际铁路货物联运。运单正本是发、收货人与铁路之间的运输契约，运单副本是贸易双方结算货款的依据，两者不能相互替代。

60. A 【解析】本题考查网络营销的方式。网络软文营销又叫网络新闻营销，通过网络上门户网站、地方或行业网站等平台传播一些具有阐述性、新闻性和宣传性的文章，包括一些网络新闻通稿、深度报道、案例分析等，把企业、品牌、人物、产品、服务、活动项目等相关信息以新闻报道的方式，及时、全面、有效、经济的向社会公众广泛传播的新型营销方式。

二、多项选择题

61. ABDE 【解析】本题考查企业内部环境分析。企业内部环境分析包括：企业核心竞争力分析；价值链分析；波士顿矩阵分析；内部因素评价矩阵(IFE矩阵)。

62. ABCD 【解析】本题考查国际市场进入模式。直接出口的主要形式包括：设立国内出口部、借助国外经销商和代理商、设立驻外办事处和建立国外营销子公司四种类型。

63. ACE 【解析】本题考查股东的忠诚义务。股东的忠诚义务包括禁止损害公司利益，考虑其他股东利益，谨慎负责地行使股东权利及其影响力。

64. ACE 【解析】本题考查独立董事的任职资格。独立董事必须具有独立性，下列人员不得担任独立董事：(1)在上市公司或者其附属企业任职的人员及其直系亲属、主要社会关系；(2)直接或间接持有上市公司已发行股份1%以上或者是上市公司前10名股东中的自然人股东及其直系亲属；(3)在直接或间接持有上市公司已发行股份5%以上的股东单位或者在上市公司前5名股东单位任职的人员及其直系亲属；(4)最近一年内曾经具有前三项所列举情形的人员；(5)为上市公司或者其附属企业提供财务、法律、咨询等服务的人员；(6)公司章程规定的其他人员；(7)中国证监会认定的其他人员。

65. ABCE 【解析】本题考查产品组合的策略。产品组合的策略包括扩大产品组合策略、缩减产品组合策略、产品线延伸策略和产品线现代化策略。

25

66. ABCE 【解析】本题考查消除渠道差距的思路包括。选项 D 错误，调整经销商之间关系不属于消除渠道差距的思路。

67. ACD 【解析】本题考查生产进度控制的内容。生产进度控制的基本内容主要包括投入进度控制、工序进度控制和出产进度控制。

68. BCD 【解析】本题考查生产调度系统的组织。一般大中型企业设厂级、车间和工段调度，中小型企业则只设厂部、车间二级调度。

69. BCDE 【解析】本题考查企业生产物流的基本特征。企业生产物流的基本特征主要有：连续性、流畅性；平行性、交叉性；比例性、协调性；均衡性、节奏性；准时性；柔性、适应性。

70. BCDE 【解析】本题考查企业仓储管理的主要任务。企业仓储管理的主要任务有：仓储设施规划和利用；保管仓储物资；合理储备材料；降低物料成本；重视员工培训，提高员工业务水平；确保仓储物资的安全。

71. AC 【解析】本题考查战略选择的重点考虑因素。影响技术领先持久性的主要因素是技术的可复制性和后续开发速率。

72. ACD 【解析】本题考查企业技术创新的内部组织模式。企业技术创新的内部组织模式有内企业、技术创新小组、新事业发展部、企业技术中心。选项 B、E 属于企业技术创新的外部组织模式。

73. BDE 【解析】本题考查技术创新企业联盟的组织运行模式。技术创新企业联盟的组织运行模式有星形模式、平行模式、联邦模式。

74. ABC 【解析】本题考查绩效的特点。绩效作为一种工作结果和工作行为具有多因性、多维性和变动性的特点。

75. BCDE 【解析】本题考查绩效考核的方法。常用的绩效考核方法主要有：民主评议法、书面鉴定法、关键事件法、比较法、量表法、平衡计分卡、关键绩效指标法和目标管理法。

76. ABC 【解析】本题考查影响薪酬管理的主要因素。选项 D 属于员工个人因素，选项 E 属于企业外部因素。

77. BC 【解析】本题考查普通股资本成本率的测算。普通股的成本率的测算方法主要有：（1）用股利折现模型；（2）资本资产定价模型。

78. BCD 【解析】本题考查长期股权投资。投资营运管理风险具体包括股东选择风险、公司治理结构风险、投资协议风险、道德风险；被投资企业存在的经营风险和财务风险；项目小组和外派人员风险；信息披露风险等。

79. ABD 【解析】本题考查国际货物运输。国际海洋运输与其他各种运输方式相比，具有运输量大、通过能力大、运费低、对货物的适应性强等优点，但也存在速度慢、风险大等缺点。

80. ABCD 【解析】本题考查电子商务的概念。选项 E 错误，促使电子商务产生的主要因素是经济全球化和信息技术改革。

三、案例分析题

（一）

81. B 【解析】本题考查契约式战略联盟。产品联盟是指两个或两个以上的企业为了增强企业的生产和经营实力，通过联合生产、贴牌生产、供求联盟、生产业务外包等形式扩大生产规模、降低生产成本，提高产品价值。本案例中汽车生产企业通过联合生产形式与外国汽车公司建立的战略联盟属于产品联盟。

82. ABD 【解析】本题考查企业战略类型。为降低企业的生产成本，自主生产和供应汽车配件，属于成本领先战略。该企业进军汽车配件行业，属于后向一体化战略。该企业为扩大利润，建立手机事业部，推出自主品牌的新型手机，属于多元化战略。

83. C 【解析】本题考查折中原则的计算方法。

甲：430×0.75+50×0.25=335(万元)。

乙：440×0.75+(-100)×0.25=305(万元)。

丙：500×0.75+(-120)×0.25=345(万元)。

丁：530×0.75+(-220)×0.25=342.5(万元)。

取加权平均值最大者，即max{335, 305, 345, 342.5}=345，即应选择丙方案。

84. A 【解析】本题考查后悔值原则的计算方法。

市场状态 后悔值 方案	畅销	一般	滞销	max
甲	100	90	0	100
乙	90	40	150	150
丙	30	0	170	170
丁	0	10	270	270

各方案的最大后悔值为{100, 150, 170, 270}，取最小值min{100, 150, 170, 270}=100，对应的方案甲即为用最小后悔值原则选取的方案。

(二)

85. B 【解析】本题考查提前期法。提前期法又称累计编号法，适用于成批生产类型企业的生产作业计划编制，是成批生产作业计划重要的期量标准之一。

86. C 【解析】本题考查提前期法。本车间出产累计号数=最后车间出产累计号+本车间的出产提前期×最后车间平均日产量=1 500+50×10=2 000(号)。

87. D 【解析】本题考查提前期法。本车间投入累计号=最后车间出产累计号+本车间投入提前期×最后车间平均日产量=1 500+(50+50)×10=2 500(号)。

88. ABD 【解析】本题考查提前期法。提前期方法的优点：(1)各个车间可以平衡地编制作业计划；(2)不需要预计当月任务完成情况；(3)生产任务可以自动修改；(4)可以用来检查零部件生产的成套性。

(三)

89. B 【解析】本题考查企业联盟的组织运行模式。在联邦模式中，协调机制是联盟协调委员会，该模式适用于高新技术产品的快速联合开发，根据案例表述可判断该企业与其他企业形成的企业联盟的组织运行模式是联邦模式。

90. C 【解析】本题考查国际技术贸易的基本方式。特许专营是指由一家已经取得成功经验的企业，将其商标、商号名称、服务标志、专利、专有技术以及经营管理的方式或经验等全盘地转让给另一家企业使用，由被特许人向特许人支付一定金额的特许费的技术贸易行为。由定义判定本案例中的贸易行为属于特许专营。

91. C 【解析】本题考查效益模型的计算。预计5年产品的销量分别为9万件、8万件、6万件、7万件、8万件。每件可提高50元。$P=9×50×0.909+8×50×0.826+6×50×0.751+7×50×0.683+8×50×0.621=1\ 452.2$(万元)。

92. ABC 【解析】本题考查企业联盟的主要特点。企业联盟的主要特点有：目标产品性、优势性、动态性(又称临时性)、连接的虚拟性、组织的柔性、结构的扁平性。

(四)

93. D 【解析】本题考查一元回归分析法的计算。一元线性回归方程为$y=a+bx$，已知$a=4.6$，$b=$

0.04，则 $y=4.6+0.04x$。已知明年销售额将达到 1 600 万元，则该企业约需要销售人员 $=4.6+0.04×1\ 600=68.6$(人)，约为 69 人。

94. D 【解析】本题考查转换比率分析法的计算。第一步计算分配率，$56/(1+4+2)=8$；第二步分配，销售人员新增数 $=4×8=32$(人)。

95. ABD 【解析】本题考查劳动关系计划的目标。劳动关系计划的目标主要包括降低非期望离职率、改善劳动关系、减少投诉和争议等。选项 C 属于人员接续及升迁计划的目标。

96. B 【解析】本题考查管理人员接续计划法的计算。该企业明年销售主管的供给量 =现职人员+可提升人员+招聘人员-提升出去的-退休的-辞职的 $=25+3+4-5-3-6=18$(人)。

(五)

97. CD 【解析】本题考查股权资本成本。股权资本成本包括普通股、优先股和留用利润(或留存收益)的资本成本。

98. C 【解析】本题考查个别资本成本率的计算。银行借款的资本成本率=[借款本金×利率×(1-所得税税率)]/[借款本金×(1-筹资费率)] $=10\%×(1-25\%)/(1-2\%)=7.65\%$。

99. C 【解析】本题考查综合资本成本率的计算。方案1的综合资本成本率 $=(300/1\ 000)×7.65\%+(400/1\ 000)×10\%+(300/1\ 000)×12\%=9.9\%$。

100. BC 【解析】本题考查决定综合资本成本率的因素。个别资本成本率和各种资本结构两个因素决定综合资本成本率。

最后冲刺套题(五)参考答案及详细解析

一、单项选择题

1. B 【解析】本题考查企业愿景、使命与战略目标的相关表述。企业愿景不只专属于企业高层管理者，企业内部每一位员工都应参与构思制定愿景，选项 B 错误。

2. D 【解析】本题考查战略控制的原则。适时控制原则是指控制要掌握适当时机、选择适当的契机进行战略修正，要尽可能避免在不该修正时采取行动或者在需要纠正时没有及时采取行动。

3. D 【解析】本题考查利润计划轮盘的构成。利润计划轮盘由利润轮盘、现金轮盘和净资产收益率轮盘三部分组成。

4. B 【解析】本题考查波士顿矩阵分析。瘦狗区的产品有较低的业务增长率和市场占有率。

5. A 【解析】本题考查 SWOT 分析法的 SO 战略。SO 战略是使用优势，利用机会。

6. B 【解析】本题考查企业战略的层次。企业业务战略也称竞争战略或事业部战略，它的重点是要改进一个业务单位在它所从事的行业中，或某一特定的细分市场中所提供的产品和服务的竞争地位。

7. B 【解析】本题考查企业经营决策的类型。从环境因素的可控程度分类，经营决策可分为确定型决策、风险型决策和不确定型决策。

8. D 【解析】本题考查股东的法律地位。我国《公司法》规定：公司以其全部财产对公司的债务承担责任，有限责任公司的股东以其认缴的出资额为限对公司承担责任，股份有限公司的股东以其认购股份为限对公司承担责任。

9. A 【解析】本题考查股东的分类与构成。自然人作为股份有限公司的发起人股东，应当具有完全民事行为能力。

10. D 【解析】本题考查有限责任公司的股东会。特别决议是指股东会就公司重要事项所做的决议，如修改章程、增加或者减少注册资本的决议，以及公司合并、分立、解散或者变更公司形式的决议。

11. B 【解析】本题考查国有独资公司的权力机构。国有独资公司的合并、分立、解散、增加或者减少注册资本和发行公司债券，必须由国有资产监督管理机构决定。

12. D 【解析】本题考查经理机构。经理是董事会领导下的负责公司日常经营管理活动的机构。

13. B 【解析】本题考查公司经理的选任和解聘。经理人选后，其经营水平和经营能力要接受实践检验，要通过述职、汇报和其他形式接受董事会的定期和随时监督。

14. A 【解析】本题考查股东的权利。公司剩余财产的分配权属于公司的股东。

15. D 【解析】本题考查市场营销管理的任务。过量需求是指某种产品或服务的市场需求超过了企业所能供给的水平的状态。

16. A 【解析】本题考查市场营销环境分析中的环境威胁矩阵图。选项 A 是第Ⅰ象限的情况，选项 B 是第Ⅱ象限的情况，选项 C 是第Ⅳ象限的情况，选项 D 是第Ⅲ象限的情况。

17. C 【解析】本题考查目标市场的策略。差异性营销策略是一种以市场细分为基础的营销策略。采用这种策略的企业按照对消费者需求差异的调查分析，将总体市场分割为若干个子市场，从中选择两个乃至全部细分市场作为目标市场，针对不同的子市场的需求特点，设计和生产不同产品，并采用不同的营销组合，分别满足不同需求。

18. B 【解析】本题考查产品生命周期中成长期的特征。产品进入成长期，即产品试销成功后，在市场营销中处于发展上升的阶段，此时的特征有：销售量迅速增加，成本降低，促销费用相对减少，利润迅速上升并达到最高峰。

19. B 【解析】本题考查定价方法。随行就市定价法是指将本企业某产品价格保持在市场平均价格水平上来获得平均报酬。

20. B 【解析】本题考查促销策略中的拉引策略。拉引策略即生产商为唤起顾客的需求，主要利用广告与公共关系等手段，极力向消费者介绍产品及企业，使他们产生兴趣、吸引、诱导他们来购买。

21. B 【解析】本题考查品牌战略的内容。品牌模式选择是品牌的结构问题。

22. D 【解析】本题考查渠道扁平化。渠道扁平化的形式包括：直接渠道、有一层中间商的扁平化渠道、有两层中间商的扁平化渠道。

23. B 【解析】本题考查成批轮番生产企业的期量标准。生产间隔期是指相邻两批相同产品或零件投入的时间间隔或出产的时间间隔。

24. D 【解析】本题考查生产周期法。生产周期法适用于单件小批生产类型企业的生产作业计划编制。

25. D 【解析】本题考查工业增加值的概念。工业增加值是企业在报告期内以货币表现的工业生产活动的最终成果。

26. B 【解析】本题考查库存控制。定期控制法又称订货间隔期法。它是每隔一个固定的间隔周期去订货，每次订货量不固定，订货量由当时库存情况确定，以达到目标库存量为限度。

27. A 【解析】本题考查物料需求计划的结构。主生产计划是物料需求计划(MRP)的最主要输入，表明企业向社会提供的最终产品数量，由客户订单、销售预测和备件需求所决定。

28. D 【解析】本题考查丰田生产方式具体的思想和手段。准时化(JIT)的基本思想是只在需要的时刻，生产需要的数量的所需产品。选项 B 是 JIT 的本质，选项 C 是 JIT 的核心。

29. B 【解析】本题考查物流中的仓储环节。仓储(保管)在物流系统中起着缓冲、调节和平衡的作用。

30. D 【解析】本题考查企业生产物流管理的适应性目标。适应性目标是指有效控制物料损失，防止人员或设备的意外事故。

31. C 【解析】本题考查不同生产模式下的企业生产物流管理。推进式管理生产物流实际上做不到按需生产。在这种模式下，物流和信息流是完全分离的。

32. C 【解析】本题考查仓储管理的功能。调节货物运输能力的功能：各种运输工具的运量相差很大，海运船、内河船、火车、汽车之间进行转运时，运输能力是很不匹配的，这种运力的差异可以通过仓储来进行调节和衔接。

33. A 【解析】本题考查不同生产模式下的企业生产物流管理。精益生产模式下的企业生产物流管理模式有两种：推进式和拉动式。

34. D 【解析】本题考查库存分类的依据。库存按其存放地点可分为库存存货、在途库存、委托加工库存和委托代销库存。

35. C 【解析】本题考查企业销售物流管理的内容。企业销售物流成本指产品空间位移(包括静止)过程中所耗费的各种资源的货币表现，是物品在实物运动过程中，如运输、仓储、包装、装卸搬运、流通加工、物流信息传递、配送等各个环节所支出的人力、财力、物力的总和。

36. B 【解析】本题考查技术创新的分类。工艺创新也称过程创新，它是产品的生产技术变革，包括新工艺、新设备和新组织管理方式。工艺创新与提高产品质量，降低原材料和能源的消耗，提高生产效率有着密切的关系。

37. C 【解析】本题考查技术创新战略的类型。根据企业所期望的技术竞争地位的不同，可将企业技术创新战略分为技术领先战略和技术跟随战略。

38. B 【解析】本题考查动态排序列表法。动态排序列表法是对各个项目分别按照不同的单一评价指标进行排序，然后将同一项目按不同指标排序的序号进行算术平均，得到项目的排序分值。
甲的排序分值：(3+2+3)÷3=2.67。乙的排序分值：(2+3+1)÷3 = 2。丙的排序分值：(4+1+4)÷3=3。丁的排序分值：(1+4+2)÷3 = 2.3。

项目	IRR * PTS		NPV * PTS		战略重要性		排序分值
乙	15	2	7.8	3	4	1	2(1)
丁	16	1	6.5	4	3	2	2.3(2)
甲	14	3	8.6	2	2	3	2.67(3)
丙	13	4	9.1	1	1	4	3(4)

项目乙的序号最低，因此企业应选择项目乙。

39. B 【解析】本题考查技术创新小组的概念。所谓技术创新小组，是指为完成某一创新项目临时从各部门抽调若干专业人员而成立的一种创新组织。

40. B 【解析】本题考查企业研发模式。合作研发的组织形式有：联合开发、建立联盟、共建机构、项目合作。其中，联合开发即双方并不组建实体，而是依据相互之间签署的协议共同开展相关研发。在这种情况下，合作项目通常被细分成多项任务，合作者分别承担自己擅长的任务，最后对各方研制的成果进行集成，合作成员共享研发成果。

41. C 【解析】本题考查技术价值的评估方法。C 为技术开发中的物质消耗 300 万元，V 为技术开发中投入的人力消耗 600 万元，β 为技术复杂系数为 1.5，γ 为研究开发的风险概率（失败概论）40%，将数据直接带入公式：$P = \frac{(C+V)\beta}{1-\gamma} = \frac{(300+600) \times 1.5}{1-40\%} = 2\,250$（万元）。

42. D 【解析】本题考查工业产权的概念。工业产权是指法律赋予产业活动中的知识产品所有人对其创造性的智力成果所享有的一种专有权。

43. A 【解析】本题考查人力资源规划的内容。退休解聘计划的目标有降低人工成本、维护企业规范、改善人力资源结构等。

44. B 【解析】本题考查马尔可夫模型的计算。根据表格中的数据，业务主管中一年以后继续留在业务主管一职的人员=10×0.7=7（人），同时由业务员晋升为业务主管的=100×0.1=10（人）。所以一年后业务主管的内部供给量=7+10=17（人）。

45. A 【解析】本题考查绩效考核结果的反馈。绩效考核结果的反馈：这一阶段的主要任务是上级领导就绩效考核的结果与考核对象沟通，具体指出员工在绩效方面存在的问题，指导员工制订出绩效改进的计划，还要对该计划的执行效果进行跟踪并给予指导。

46. D 【解析】本题考查书面鉴定法的概念。书面鉴定法是指考核者以书面文字的形式对考核对象做出评价的方法。

47. D 【解析】本题考查间接薪酬。间接薪酬的支付与员工个人的工作和绩效并没有直接的关系，往往都具有普遍性，通俗地讲就是"人人都有份"。

48. B 【解析】本题考查激励薪酬。激励薪酬是企业根据员工、团队或者企业自身的绩效而支付给员工的具有变动性质的经济收入。

49. C 【解析】本题考查企业薪酬制度设计的激励原则。激励原则是指企业内部各类、各级职位之间的薪酬标准要适当拉开距离，避免平均化，利用薪酬的激励功能提高员工的工作积极性。

50. D 【解析】本题考查先付年金的现值。在 n 期后付年金现值的基础上乘以 $(1+i)$ 便可求出先付年金的现值。51.54×(1+8%)=55.66（万元）。

51. B 【解析】本题考查普通股资本成本的计算。$K_e = D/P_0 = 1.5/10 = 15\%$。

52. B 【解析】本题考查财务杠杆。财务杠杆系数=息税前盈余÷(息税前盈余-债务年利息额)=90÷(90-36)=1.7。

53. C 【解析】本题考查营业现金流量的构成。在估算每年营业现金流量时，一般设定投资项目的每年销售收入等于营业现金收入，付现成本（需要当期支付现金的成本，不包括折旧）等于营业现金支出。

54. D 【解析】本题考查平均报酬率的计算。平均报酬率=平均现金流量/初始投资额×100%＝[（200+330+240+220)÷4]/600×100%=41.25%。

55. D 【解析】本题考查财务可行性评价指标的运用。在进行投资决策时，主要根据的是贴现指标。在互斥选择决策中，当选择结论不一致时，在无资本限量的情况下，以净现值为选择标准。

56. B 【解析】本题考查标准分立的含义。标准分立是指一个母公司将其在某子公司中所拥有的股份，按母公司股东在母公司中的持股比例分配给现有母公司的股东，从而在法律上和组织上将子公司的经营从母公司的经营中分离出去。

57. C 【解析】本题考查电子商务的一般框架。电子商务系统框架结构由三个层次组成，分别是网络基础设施、信息发布和传输技术设施、一般业务服务。

58. A 【解析】本题考查B2B商业模式。卖方控制型市场战略是指由单一卖方企业建立，以期寻求众多的买者，旨在建立或维持其在交易中的市场势力的市场战略。

59. C 【解析】本题考查国际直接投资。技术与管理导向型动机，投资的目的是获取和利用国外先进的技术、生产工艺、新产品设计和先进的管理知识。

60. C 【解析】本题考查网络营销的特点。交互式：互联网通过展示商品图像、提供商品信息查询，来实现供需互动与双向沟通。还可以进行产品测试与消费者满意调查等活动。

二、多项选择题

61. BC 【解析】本题考查价值链分析法。选项A、D、E属于主体活动。

62. AB 【解析】本题考查确定型的决策方法。确定型决策方法包括线性规划法、盈亏平衡点法。选项C、D属于风险型决策方法，选项E属于不确定型决策方法。

63. ABC 【解析】本题考查公司的法人财产权。公司以其法人财产承担民事责任，所以选项D错误。一旦资金注入公司形成法人财产，出资者只能依法转让其所持的股份，选项E错误。

64. AB 【解析】本题考查股东大会的种类。股东大会会议由全体股东出席，分为年会和临时会议两种。

65. ABC 【解析】本题考查市场营销微观环境。市场营销微观环境包括企业自身及其供应商、竞争者、营销渠道企业、顾客和公众。选项D、E属于市场营销宏观环境要素。

66. ABE 【解析】本题考查产品的层次。从层次的角度，产品是由三个层次构成：核心产品、有形（形式）产品和附加（扩展）产品。

67. ACD 【解析】本题考查顾客需求特征的影响。顾客需求特征的影响主要体现在：（1）顾客对商品的个性化要求越来越高；（2）顾客不确定性的增加和承诺的丧失；（3）消费的"折中主义"。

68. ABCD 【解析】本题考查企业资源计划。生产控制模块的主要内容有：主生产计划、物料需求计划、能力需求计划、生产现场控制、制造标准等。

69. ABCD 【解析】本题考查单一品种大批量型生产物流的特征。选项E属于多品种大批量型生产物流的特征。

70. ACDE 【解析】本题考查企业库存管理与控制。按库存的目的可将库存分为：经常库存、安全库存、生产加工和运输过程的库存、季节性库存。

71. BCE 【解析】本题考查技术创新的含义。技术创新是一种经济行为，所以选项A错误。技术创新具有外部性的特点，所以选项D错误。

72. BCE 【解析】本题考查企业联盟的特点。企业联盟的主要特点包括目标产品性、优势性、动态性（又称临时性）、连接的虚拟性、组织的柔性、结构的扁平性，选项A、D错误。

73. ABCD 【解析】本题考查知识产权的主要形式。《TRIPS协定》所列举的知识产权包括：版权和相关权利、商标、地理标识、工业设计、专利、集成电路布图设计（拓扑图）和未披露信息，并对协议许可中的反竞争行为的控制做出了规定。

74. CE 【解析】本题考查绩效的概念。绩效就其范围而言，可以分为企业的绩效、部门的绩效和员工个人的绩效三种。
75. ABDE 【解析】本题考查以职位为导向的基本薪酬设计。以职位为导向的基本薪酬设计具体包括职位等级法、职位分类法、计点法和因素比较法四种。
76. ABD 【解析】本题考查个人激励薪酬。绩效工资的四种形式包括：绩效调薪、绩效奖金、月/季度浮动薪酬、特殊绩效认可计划。
77. AB 【解析】本题考查营业现金流量。每年净营业现金流量＝每年营业收入－付现成本－所得税，其中付现成本和所得税属于现金流出量，付现成本（不包括折旧）为营业现金流出量。
78. AB 【解析】本题考查资产置换与资产注入。资产注入是指交易双方中的一方将公司账面上的资产，可以是流动资产、固定资产、无形资产、股权中的某一项或某几项，按评估价或协议价注入对方公司。如果对方支付现金，则意味着资产注入方的资产变现；如果对方出股权，则意味着资产注入方得以资产出资进行投资或并购。
79. BCDE 【解析】本题考查电子商务的特点。电子商务的特点有：市场全球化；跨时空限制；交易虚拟化；成本低廉化；交易透明化；操作方便化；服务个性化；运作高效化。
80. ABCE 【解析】本题考查网络市场调查的方法。选项 D 利用网上数据库查找资料是网络市场间接调研的方法。

三、案例分析题

（一）

81. ABC 【解析】本题考查企业战略的类型。并购活动属于横向一体化战略。该农场决定将业务范围扩大到农产品的深加工领域，进行儿童食品的生产，这属于前向一体化战略。该农场既有农产品的种植，又有儿童食品的生产，这实行的是多元化战略。
82. AC 【解析】本题考查企业外部环境分析。迈克·波特教授提出的"五力模型"是分析行业结构的重要工具。在一个行业里，普遍存在着五种基本竞争力量，即潜在进入者的威胁、行业中现有企业间的竞争、替代品的威胁、购买者的谈判能力和供应者的谈判能力。
83. C 【解析】本题考查后悔值原则。

市场状态 损益值 方案	畅销	一般	滞销	max
生产 A 果汁	40	10	0	40
生产 B 果汁	30	20	5	30
生产 C 果汁	20	10	10	20
生产 D 果汁	0	0	50	50

各方案的最大后悔值为｛40，30，20，50｝，取其最小值 min｛40，30，20，50｝＝20。对应的方案为生产 C 果汁。

84. ABC 【解析】本题考查企业核心竞争力分析。企业核心竞争力的特征主要体现在以下方面：价值性、异质性、延展性、持久性、难以转移性和难以复制性。

（二）

85. B 【解析】本题考查产品组合定价策略中的附属产品定价策略。有些产品在使用中是伴随其他商品的消费，这些产品称为附属产品，例如剃须刀和刀片，一般将主要品的价格定得较低，同时对附属产品制定较高的价格。题干的表述符合附属产品定价策略。
86. D 【解析】本题考查成本加成定价法。单位成本＝单位可变成本＋固定成本÷销售量＝120＋180 万÷6 万＝150（元），产品价格＝单位成本×（1＋加成率）＝150×（1＋30%）＝195（元）。

87. D 【解析】本题考查目标利润定价法。产品单价=单位成本+目标收益率×资本投资额÷销售量=150+20%×300万元÷6万个=160(元)。

88. B 【解析】本题考查不同类型商品分销渠道的构建。选购品是指消费者对产品或服务的价格、质量、款式、耐用性等进行比较之后才会购买的产品,如家用电器、服装、美容美发产品等。

(三)

89. D 【解析】本题考查企业知识产权保护策略。我国《专利法》规定,发明专利权的保护期限为20年,实用新型和外观设计专利权的保护期限均为10年。

90. B 【解析】本题考查市场模拟模型。根据公式可得:$P=P_0 \times a \times b \times c=15 \times 1.10 \times 1.12 \times 1.3=24.02$(万元)。

91. B 【解析】本题考查技术转让合同。技术转让合同是指合同一方当事人将一定的技术成果交给另一方当事人,而另一方当事人接受这一成果并为此支付约定的价款或费用的合同。结合案例中"甲企业对该项技术发明价值评估后,与乙企业签订了技术发明专利购买合同。合同约定,甲企业支付款项后,此项技术发明归甲企业所有",可知甲企业与乙企业签订的该项技术发明购买合同属于技术转让合同。

92. C 【解析】本题考查企业研发的模式。委托研发又称研发外包,即企业将所需技术的研发工作通过协议委托给外部的企业或者机构来完成。结合案例"甲企业使用该技术发明后,发现该项技术发明对企业技术能力的提高远远大于预期,于是同乙企业签订协议,将同类技术研发委托给乙企业",可知属于研发外包模式。

(四)

93. A 【解析】本题考查转换比率分析法的计算。该企业预计2020年销售额将比2019年销售额增加1 000万元,则需增加的总人数是1 000/500×20=40(人),需增加的管理人员是1/10×40=4(人)。

94. D 【解析】本题考查人力资源供给预测的方法。管理人员接续计划法主要适用于对管理人员和工程技术人员的供给预测。

95. CD 【解析】本题考查影响企业人力资源外部供给的因素。影响企业人力资源外部供给的因素有:本地区的人口总量与人力资源供给率;本地区的人力资源的总体构成;宏观经济形势和失业率预期;本地区劳动力市场的供求状况;行业劳动力市场供求状况;职业市场状况。

96. AD 【解析】本题考查人力资源规划的内容。人员补充计划的目标是明确补充人员的数量、类型、层次、优化人员结构等。选项B属于人员使用计划的目标,选项C是人员培训开发计划的目标。

(五)

97. C 【解析】本题考查期望报酬率的计算。期望报酬率的计算公式为:
$\overline{K} = \sum_{i=1}^{n} K_i P_i = 22\% \times 0.1 + 15\% \times 0.6 + 5\% \times 0.3 = 12.7\%$。

98. B 【解析】本题考查期望报酬率的标准离差。
$\delta = \sqrt{\sum_{i=1}^{n}(K_i - \overline{K})^2 \cdot P_i} = \sqrt{(22\%-12.7\%)^2 \times 0.1 + (15\%-12.7\%)^2 \times 0.6 + (5\%-12.7\%)^2 \times 0.3} = 5.44\%$。

99. B 【解析】本题考查投资报酬率的计算。投资必要报酬率=无风险报酬率+风险报酬率=无风险报酬率+风险报酬系数×标准离差率=10%+8%×98%=17.84%。

100. BC 【解析】本题考查标准离差的相关知识。在期望报酬率相同的情况下,标准离差越小,说明离散程度小,风险也就越小。

最后冲刺套题(六)参考答案及详细解析

一、单项选择题

1. B 【解析】本题考查企业使命。选项A错误，企业愿景回答的是"我是谁"的问题，企业使命回答的是"企业的业务是什么"这一关键问题。选项C错误，企业使命的定位通常包括以下三个方面的内容：(1)企业生存目的的定位；(2)企业经营哲学的定位；(3)企业形象的定位。选项D错误，企业愿景包括核心信仰和未来前景两部分。

2. C 【解析】本题考查"7S"模型。麦肯锡公司提出的"7S"模型中的软件要素包括：共同价值观；人员；技能；风格。

3. C 【解析】本题考查企业外部环境分析的方法。企业外部环境分析主要包括宏观环境分析和行业环境分析，其中通常采用PESTEL分析方法对企业外部的宏观环境进行战略分析。

4. A 【解析】本题考查迈克尔·波特的"五力模型"。迈克尔·波特提出了"五力模型"，在一个行业中，普遍存在五种基本竞争力量，即潜在进入者的威胁、行业内现有企业间的竞争、替代品的威胁、购买者的谈判能力和供应者的谈判能力。

5. C 【解析】本题考查企业成长战略。市场渗透战略是企业通过更大的市场营销努力，提高现有产品或服务在现有市场上的份额，扩大产销量及生产经营规模，从而提高销售收入和盈利水平。

6. D 【解析】本题考查企业经营决策的概念和要素。决策目标的确立是科学决策的起点，所以选项D错误。

7. B 【解析】本题考查经营决策方法中的期望值的计算。该产品的期望损益值 = 0.3×40+0.5×30+0.2×25 = 32(万元)。

8. A 【解析】本题考查经营者的激励与约束机制。报酬激励主要有年薪制、薪金与奖金相结合、股票奖励、股票期权的形式。

9. C 【解析】本题考查股东的义务。我国《公司法》规定，公司的发起人、股东在公司成立后，抽逃其出资的，由公司登记机关责令改正，处以所抽逃出资金额5%以上、15%以下的罚款。

10. B 【解析】本题考查累积投票制的相关知识。累积投票制是指股东大会选举董事或者监事时，每一股份拥有与应选董事或者监事人数相同的表决权，股东拥有的表决权可以集中使用。

11. A 【解析】本题考查董事会的决议方式。董事会决议的表决实行的原则是"一人一票"原则和多数通过原则，二者合称为"董事数额多数决"。

12. D 【解析】本题考查国有独资公司的董事及董事会。国有独资公司的董事每届任期不得超过3年，选项A错误。国有独资公司的董事会成员中职工代表的比例由公司章程规定，选项B错误。国有独资公司的董事长、副董事长由国家授权投资的机构或者部门从董事会成员中指定，选项C错误。

13. C 【解析】本题考查经理的义务。经理的义务包括：谨慎、忠诚的义务和竞业禁止义务。

14. C 【解析】本题考查监事会的组成。我国《公司法》规定，公司监事会中职工代表的比例不得低于三分之一。

15. C 【解析】本题考查市场营销宏观环境中的自然环境。自然环境是在企业发展过程中对其有影响的物质因素。企业在分析自然环境时可以考虑的方面有：自然资源的短缺、环境污染日益严重、政府对环境的干预日益加强、公众的生态需要和意识不断增强等。

16. A 【解析】本题考查消费者市场细分变量表。心理变量包括：生活方式、个性、购买动机、价值取向、对商品和服务方式的感受或偏爱、对商品价格反应的灵敏度等。选项A属于行为变量。

17. A 【解析】本题考查市场定位的相关知识。市场定位是指企业根据竞争者现有产品在市场上所处的位置，针对该产品某种特征或属性的重要程度，塑造出本企业产品与众不同的个性或形象，并把这种形象传递给消费者，从而使该产品在目标市场上确定适当的位置。选项A错误。

18. A 【解析】本题考查产品生命周期策略。产品成熟期的营销策略重点是要想方设法延长它的时间，在维持相对稳定的销售量和市场占有率的基础上扩大销售，提高市场占有率，选项BD错误。产品进入成长期后，企业的营销策略重点是强化产品的市场地位，建立顾客对品牌的忠诚度，以便扩大市场占有率和防止竞争者加入，选项C错误。

19. A 【解析】本题考查需求导向定价法。需求导向定价法包括认知价值定价法和需求差别定价法。

20. D 【解析】本题考查品牌资产中的品牌忠诚度。品牌忠诚度是品牌资产的核心。

21. A 【解析】本题考查单一品牌战略的类型。伞形品牌战略是企业对具有不同质量和能力的不同产品类别使用单一品牌的战略。

22. A 【解析】本题考查设备组生产能力的计算。$M=(F\times S)/t=[250\times 5\times 3\times(1-10\%)\times 20]/0.5=135\,000$（件）。

23. C 【解析】本题考查产品产值指标。工业增加值以社会最终成果作为计算的依据。

24. D 【解析】本题考查大批大量生产企业的期量标准。大批大量生产企业的期量标准有：节拍或节奏、流水线的标准工作指示图表、在制品定额等。

25. B 【解析】本题考查在制品控制。在制品控制是企业生产控制的基础工作，是对生产运作过程中各工序原材料、半成品等所处位置、数量、车间之间的物料转运等进行的控制。

26. D 【解析】本题考查生产控制的概念。广义的生产控制是指从生产准备开始到进行生产，直到成品出产入库为止的全过程的全面控制。它包括计划安排、生产进度控制及调度、库存控制、质量控制、成本控制等内容。

27. D 【解析】本题考查消费品的分类。消费品是指消费者个人或家庭使用的产品。按消费者购买习惯不同，可以把消费品分为选购品、便利品、特殊品、非渴求品。

28. B 【解析】本题考查物流活动中的包装环节。包装被称为生产的终点，同时也是社会物流的起点。

29. C 【解析】本题考查企业物流的内容。包装用辅助材料主要有：（1）黏合剂；（2）黏合带；（3）捆扎材料。

30. B 【解析】本题考查产品生命周期不同阶段的物流目标。在产品生命周期的成长期阶段，产品取得了一定程度的市场认可，销售量剧增，物流活动的重点从不惜代价提供所需服务转变为服务和成本的平衡。

31. B 【解析】本题考查企业采购管理最基本的目标。企业采购管理最基本的目标是确保生产经营的物资需要。

32. D 【解析】本题考查企业生产物流的类型。按照物料流经的区域，企业生产物流可以分为工厂间物流和工序间物流（也称车间物流）。

33. C 【解析】本题考查精益生产模式下拉动式生产物流管理模式的特点。选项A、B、D属于推进式生产物流管理的特点。

34. B 【解析】本题考查货物的堆码方式。货架方式是使用通用和专用的货架进行货物堆码的方式，如小百货、小五金、绸缎、医药品等。

35. C 【解析】本题考查企业销售物流成本控制。降低运输成本：通过商流和物流的分离使物流途径简短；减少运输次数；提高车辆满载率；设定最低订货量；实行计划运输；开展共同运输；选择最佳运输手段等。

最后冲刺套题（六）参考答案及详细解析

36. C 【解析】本题考查技术创新的过程与模式。需求拉动模式指明市场需求信息是技术创新活动的出发点。

37. D 【解析】本题考查A-U过程创新模式。选项D错误，在A-U过程创新模式稳定阶段，创新的重点是以质量和降低成本为目标的渐进性的工艺创新。

38. A 【解析】本题考查技术创新的定性评估方法。检查清单法需要首先确定一组评价研发项目的关键因素，然后对每一方案的各个评判标准给出是否满意的定性判断（如满意为1，不满意为0），优先选择得分高的项目。

39. B 【解析】本题考查风险-收益气泡图的相关知识。牡蛎型项目是企业根据长期技术发展战略对新兴或突破性技术的研究和开发项目，是企业长期竞争优势的源泉。

40. D 【解析】本题考查企业联盟的组织运行模式。平行模式适用于某一市场机会的产品联合开发及长远战略合作。

41. C 【解析】本题考查专利实施许可转让合同的定义。专利实施许可转让合同是专利权人或专利权人的授权人作为转让人，许可他人在支付一定的价款后，在规定的范围内实施其专利而订立的合同。

42. D 【解析】本题考查国际技术贸易的主要交易标的。国际技术贸易的主要交易标的包括专利、商标、工业产权、专有技术。

43. A 【解析】本题考查民主评议法的概念。民主评议法是指在听取考核对象个人的述职报告的基础上，由考核对象的上级主管、同事、下级以及与其有工作关系的人员，对其工作绩效做出评价，然后综合分析各方面的意见，得出该考核对象的绩效考核结果。

44. C 【解析】本题考查绩效考核的功能。沟通功能：绩效考核过程是管理层和下属人员不断沟通的过程。通过考核，一方面可以表达管理层对员工的工作要求和绩效期望，另一方面也可以了解员工对管理层和绩效目标的看法、建议以及他们的需求。

45. A 【解析】本题考查民主评议法的概念。民主评议法是在听取考核对象个人的述职报告的基础上，由考核对象的上级主管、同事、下级以及与其有工作关系的人员，对其工作绩效做出评价，然后综合分析各方面的意见，得出该考核对象的绩效考核结果。

46. B 【解析】本题考查标杆超越法。标杆超越法为企业设计绩效指标体系提供了一个以外部导向为基础的全新思路。

47. A 【解析】本题考查薪酬管理的相关内容。薪酬控制指企业对支付的薪酬总额进行测算和监控，以维持正常的薪酬成本开支，避免给企业带来过重的财务负担。

48. B 【解析】本题考查职位等级法的概念。职位等级法是将员工的职位划分为若干级别（即职级），按其所处的职级确定其基本薪酬的水平和数额。

49. A 【解析】本题考查个人激励薪酬。个人激励薪酬的主要形式包括：计件制、工时制和绩效工资。其中绩效工资的四种形式包括：绩效调薪、绩效奖金、月/季度浮动薪酬、特殊绩效认可计划。

50. A 【解析】本题考查财务杠杆的含义。财务杠杆也称融资杠杆，是指由于债务利息等固定性融资成本的存在，使权益资本净利率（或每股收益）的变动率大于息税前盈余率（或息税前盈余）变动率的现象。

51. A 【解析】本题考查个别资本成本率。当借款合同附加补偿性余额条款的情况下，企业可运用的借款筹资额应扣除补偿性余额，此时借款的实际利率和资本成本率将会上升。

52. D 【解析】本题考查综合资本成本率的决定因素。个别资本成本率和各种资本结构两个因素决定综合资本成本率。

53. D 【解析】本题考查资本结构理论。资本结构是指企业各种资金来源的构成及其比例关系。

· 37 ·

54. A 【解析】本题考查现金流量估算。估算投资方案的现金流量时，应遵循的最基本的原则是：只有增量现金流量才是与项目相关的现金流量。

55. A 【解析】本题考查内部报酬率的含义。内部报酬率是使投资项目的净现值等于0的贴现率。

56. D 【解析】本题考查杠杆并购。杠杆并购是并购企业利用被并购企业资产的经营收入，来支付并购价款或作为此种支付的担保。

57. C 【解析】本题考查电子商务的分类。完全电子商务交易的对象主要包括无形货物和服务，如某些计算机软件、娱乐产品的联机订购、付款和交付，或者是全球规模的信息服务。

58. B 【解析】本题考查电子商务系统的组成要素。电子商务系统由消费者、企业、银行、物流配送体系、CA认证中心等组成。

59. D 【解析】本题考查跨国公司组织形式。跨国公司设立子公司的不利之处包括：手续比较复杂、行政管理费用比较高、经营管理方面存在一定的困难。优点之一是有利于开展业务。

60. A 【解析】本题考查网络营销的价格策略。网络营销中产品和服务的定价要考虑的因素有：国际化；趋低化；弹性化；价格解释体系。

二、多项选择题

61. ACE 【解析】本题考查基本竞争战略的类型。美国战略学家迈克尔·波特提出的基本竞争战略包括成本领先战略、差异化战略和集中战略。选项B、D属于企业成长战略。

62. BC 【解析】本题考查紧缩战略的类型。紧缩战略包括转向战略、放弃战略和清算战略。

63. ABD 【解析】本题考查股东大会、董事会、监事会和经营者之间的相互制衡关系。选项C错误，监事会是由股东会(和职工)选举产生并向股东会负责；选项E错误，经营者受聘于董事会。

64. ACD 【解析】本题考查董事会的职权。选项B错误，股东会对公司的合并、分立、解散、清算或者变更公司形式做出决议。选项E错误，股东会审议批准公司的利润分配方案和弥补亏损方案。

65. ABC 【解析】本题考查市场定位的策略。市场定位的策略主要有三种：避强定位策略、迎头定位策略和重新定位策略。

66. DE 【解析】本题考查市场渗透定价策略。市场渗透定价策略的优点有：低价可迅速打开新产品的销路，便于企业提高市场占有率；低价获利可阻止竞争者进入，便于企业长期占领市场。其缺点有：投资的回收期长，价格变动余地小，难以应付在短期内突发的竞争或需求的较大变化。

67. ABCE 【解析】本题考查渠道冲突的处理。选项D错误，应采用人员交换的做法减少冲突。

68. BCD 【解析】本题考查生产控制的基本程序。生产控制包括三个阶段，即测量比较、控制决策、实施执行。

69. BC 【解析】本题考查企业物流的分类。按企业性质的不同，企业物流可分为生产企业物流和流通企业物流。选项A、D、E是根据物流活动的主体划分的。

70. ABD 【解析】本题考查企业销售物流管理的目标。企业销售物流管理的目标主要包括：(1)在适当的交货期，准确地向顾客发送商品；(2)对于顾客的订单，尽量减少和避免缺货；(3)合理设置仓库和配送中心，保持合理的商品库存；(4)使运输、装卸、保管和包装等操作省力化；(5)维持合理的物流费用；(6)使订单到发货的情报流动畅通无阻；(7)将销售额情报迅速提供给采购部门、生产部门和销售部门。选项C、E是企业销售物流管理的原则。

71. ABCE 【解析】本题考查技术创新战略选择的相关内容。技术领先战略投资重点是技术开发、市场开发，技术跟随战略投资重点是生产、销售。所以D选项错误。

72. ABD 【解析】本题考查产学研联盟的主要模式。产学研联盟的主要模式有：校内产学研合作模式、双向联合体合作模式、多向联合体合作模式、中介协调型合作模式。选项E属于企业和政府联盟的模式。

73. ABC 【解析】本题考查企业研发常用的模式。从研发主体以及技术来源来看，企业研发模式包括：(1)利用企业自身资源进行自主研发；(2)整合企业外部资源，与其他企业进行合作研发；(3)完全利用外部资源，委托其他单位完成研发，也叫作研发外包。

74. ABCD 【解析】本题考查绩效考核的功能。绩效考核的功能包括：管理功能、激励功能、学习和导向功能、沟通功能、监控功能和增进绩效的功能。

75. ABC 【解析】本题考查薪酬的功能。薪酬对企业的功能包括：增值功能；改善用人活动功效的功能；协调企业内部关系和塑造企业文化的功能；促进企业变革和发展的功能。

76. ACDE 【解析】本题考查影响人力资源需求预测的因素。在进行企业人力资源需求预测时，应充分考虑以下影响因素：(1)企业未来某个时期的生产经营任务及其对人力资源的需求；(2)预期的员工流动率及由此引起的职位空缺规模；(3)企业生产技术水平的提高和组织管理方式的变革对人力资源需求的影响；(4)企业提高产品或服务质量或进入新市场的决策对人力资源需求的影响；(5)企业的财务资源对人力资源需求的约束。

77. ABCD 【解析】本题考查并购重组的客观动因。选项 A、B、C、D 正确。选项 E 属于并购重组的主观动因。

78. CE 【解析】本题考查以股抵债。子公司应将控股股东的股本冲减债权，所以总股本减少，债权减少，资产减少，负债不变，资产负债率提高(资产负债率=负债/资产×100%)。

79. ABCE 【解析】本题考查电子商务的功能。电子商务的功能有：广告宣传、咨询洽谈、网上订购、电子支付、网上服务、网络调研、交易管理。

80. ACDE 【解析】本题考查电子商务的一般框架。电子商务的框架结构中的四个支柱为：公共政策、技术标准、网络安全、法律规范。

三、案例分析题

(一)

81. BD 【解析】本题考查企业战略的选择。该汽车公司不断针对不同类型人群，推出具有独特功能和款式的新型号汽车，这采取的是差异化战略。而且又同时在家电、医药、建筑等多个领域进行经营，所以又采取了多元化战略。

82. C 【解析】本题考查折中原则的计算。采取折中原则 C 型汽车可以获得的经济效益为 $800 \times 0.7 + (-200) \times (1-0.7) = 500$(万元)。

83. B 【解析】本题考查后悔值原则的计算。采取后悔值原则计算如下：

后悔值 \ 市场状态 车型	畅销	一般	滞销	max
A 型汽车	200	200	0	200
B 型汽车	100	0	100	100
C 型汽车	0	100	300	300

各方案的最大后悔值为{200,100,300}，取其中最小值 min{200,100,300}=100，对应的 B 型汽车为选取方案，因此本题选 B。

84. B 【解析】本题考查不确定型决策的方法。折中原则和后悔值原则是不确定型决策常遵循的思考原则。

(二)

85. C 【解析】本题考查成本加成定价法的计算。单位成本=单位可变成本+固定成本÷销售量=220+2 000 000÷50 000=260(元)，产品价格=产品单位成本×(1+加成率)=260×(1+20%)=312(元)。

86. B 【解析】本题考查目标利润定价法的计算。单位成本=单位可变成本+固定成本÷销售量=220+2 000 000÷50 000=260(元)。产品单价=单位成本+目标收益率×资本投资额÷销售量=260+30%×5 000 000÷50 000=290(元)。

87. A 【解析】本题考查分销渠道的内容。分销渠道的参与者包括生产者、中间商、消费者。

88. C 【解析】本题考查产品的定价策略。数量折扣是指根据购买数量的多少，分别给予不同的折扣，购买数量越多，折扣越大。该零售商对同时购买 10 个以上者，单价为 330 元，这属于数量折扣。

(三)

89. C 【解析】本题考查生产作业计划编制的方法。在制品定额法也叫连锁计算法，适合大批大量生产类型企业的生产作业计划编制。

90. D 【解析】本题考查在制品定额法的相关内容。在制品定额法是运用预先制定的在制品定额，按照工艺反顺序计算方法，调整车间的投入和出产数量，顺次确定各车间的生产任务。

91. AD 【解析】本题考查期量标准的相关内容。在制品定额法适合大批大量生产类型企业的生产作业计划编制，大批大量生产企业的期量标准有：节拍或节奏、流水线的标准工作指示图表、在制品定额等。

92. B 【解析】本题考查在制品定额法的相关内容。装配车间的投入量=装配车间出产量+装配车间计划允许废品及耗损量+(装配车间期末在制品定额−装配车间期初在制品预计结存量)=20 000+500+(8 000−2 000)=26 500(台)。

(四)

93. C 【解析】本题考查一元回归分析法的计算。题干中已知预计 2021 年销售额将达到 2 000 万元，根据一元回归分析法，销售人员 $y=20+0.04×2 000=100$(人)。

94. C 【解析】本题考查马尔可夫模型法的计算。由题干表格可知，销售主管有 10% 是从销售员提拔的，还有 70% 是原有的销售主管，所以内部供应量=80×0.1+10×0.7=15(人)。

95. ABC 【解析】本题考查人力资源需求的预测方法。企业可以采用的人力资源需求预测方法有：(1)管理人员判断法；(2)德尔菲法；(3)转换比率分析法；(4)一元回归分析法。选项 D 属于人力资源供给的预测方法。

96. BCD 【解析】本题考查人力资源规划的内容。人员培训开发计划的目标是改善员工知识技能、明确培训数量及类别、提高绩效、改善工作作风和企业文化等。选项 A 属于人员使用计划的目标。

(五)

97. D 【解析】本题考查营业现金流量。固定资产总额=200+600=800(万元)，根据题意可知经济寿命为 10 年，固定资产采用直线法计提折旧，无残值，折旧=800÷10=80(万元)，每年净营业现金流量=净利+折旧=200+80=280(万元)。

98. AB 【解析】本题考查财务可行性评价指标。贴现现金流量指标包括：净现值、内部报酬率和获利指数。

99. AC 【解析】本题考查现金流量估算。初始现金流量包括：固定资产投资、流动资产投资、其他投资费用、原有固定资产的变价收入。终结现金流量包括：固定资产的残值收入或变价收入、原来垫支在各种流动资产上的资金的收回、停止使用的土地的变价收入。所以该生产线的流动资产投资额应计入：初始现金流量和终结现金流量。

100. C 【解析】本题考查项目风险的衡量与处理方法。肯定当量系数是指不确定的 1 元现金流量相当于使投资者肯定满意的金额系数，数值在 0~1 。

最后冲刺套题(七)参考答案及详细解析

一、单项选择题

1. A 【解析】本题考查企业战略的层次。企业总体战略一般是以企业整体为研究对象，研究整个企业生存和发展中的基本问题。该战略属于企业总体战略。

2. A 【解析】本题考查企业愿景。企业愿景与企业使命是不同的概念，企业愿景回答的是"我是谁"的问题，企业使命回答的是"企业的业务是什么"的问题，选项A错误。

3. C 【解析】本题考查企业战略实施的模式。合作型模式把战略决策范围扩大到企业高层管理集体之中，调动了高层管理人员的积极性和创造性。

4. C 【解析】本题考查战略控制的含义。战略控制是指企业战略管理者及参与战略实施者根据战略目标和行动方案，对战略的实施状况进行全面的评审，及时发现偏差并纠正偏差的活动。

5. D 【解析】本题考查确定型决策方法中的盈亏平衡点法。盈亏平衡点的产量=固定成本/(单位售价-单位可变成本)= 400 000/(15-10) = 80 000(件)。

6. C 【解析】本题考查核心竞争力的特征。延展性是指核心竞争力可以支持企业向多种产品或服务的领域发展，而不只是局限于某一产品或服务领域。

7. D 【解析】本题考查集中战略。规模效应属于成本领先战略的途径。

8. C 【解析】本题考查公司财产权能的两次分离。公司所有权本身的分离是原始所有权与法人产权的分离。

9. A 【解析】本题考查经营者对现代企业的作用。题干主要体现的是经营者人力资本有利于企业获得关键性资源。

10. B 【解析】本题考查股东的法律地位。股东是公司经营的最大受益人和风险承担者。

11. B 【解析】本题考查国有独资公司的董事会。我国《公司法》明确了国有独资公司章程的制定和批准机构是国有资产监管机构。

12. C 【解析】本题考查国有独资公司的经理机构。对于国有独资公司来说，经理是必须设置的职务。

13. A 【解析】本题考查股份有限公司的监督机构。董事、高级管理人员不得兼任监事。

14. B 【解析】本题考查消费者市场细分。心理细分是企业按照消费者的生活方式、个性等心理变量来细分消费者市场。

15. B 【解析】本题考查产品组合的宽度。产品组合的宽度是指企业所经营的不同产品线的数量。该公司共有三条产品线，即香皂、纸巾和洗发水，所以宽度为3。

16. A 【解析】本题考查产品组合定价策略。附属产品定价：有些产品在使用中需要伴随其他产品的消费，它们就称为附属产品。一般企业将主产品的价格定得较低，而附属产品定的价格则较高。

17. D 【解析】本题考查扁平化渠道。扁平化渠道中，分销商的作用仅表现为分销商品的物流平台。

18. D 【解析】本题考查品牌的含义。按不同用途，品牌可分为生产资料品牌和生活资料品牌。按不同属性，品牌可分为产品品牌、企业品牌和组织品牌。

19. C 【解析】本题考查品牌战略的类型。主副品牌战略是以一个成功品牌作为主品牌，涵盖企业的系列产品，同时又给不同产品起一个富有魅力的名字作为副品牌，以突出产品的个性形象。

20. A 【解析】本题考查设备组生产能力的计算。$M = (F \cdot S)/t = [250 \times 7.5 \times 2 \times (1-10\%) \times 18]/0.5 = 121\ 500$(件)。

21. C 【解析】本题考查生产计划。年度生产计划是企业年度经营计划的核心，计划期为一年。年度生产计划是确定企业生产水平的纲领性计划。

22. A 【解析】本题考查期量标准。在制品定额是指在一定技术组织条件下，各生产环节为了保证数量上的衔接所必需的、最低限度的在制品储备量。

23. B 【解析】本题考查成批轮番生产企业的期量标准。成批轮番生产企业的期量标准有：批量、生产周期、生产间隔期、生产提前期等。

24. C 【解析】本题考查制定生产控制标准的方法。标准化法即将权威机构制定的标准作为自己的控制标准。

25. A 【解析】本题考查库存控制的基本方法。将库存物资品种累计占全部品种 5%～10%，而资金累计占全部资金总额 70% 左右的物资定为 A 类物资。

26. D 【解析】本题考查制造资源计划结构的特点。在 MRP Ⅱ 上能解决"如果怎样，将会怎样"的属于预见性的问题，在可预见的时间期限内，将展现可能发生的事情，以做出防范。这属于模拟的预见性。

27. A 【解析】本题考查生产调度的概念。生产调度是组织执行生产进度计划的工作，对生产计划的监督、检查和控制，发现偏差及时调整的过程。

28. B 【解析】本题考查不同生产类型下的企业生产物流特征。多品种小批量型生产物流的特征具体表现为：（1）物料被加工的重复程度介于单件生产和大量生产之间，一般采用混流生产。（2）使用 MRP 实现物料相关需求的计划，以 JIT 实现客户个性化特征对生产过程中物料、零部件、成品需求的拉动。（3）由于产品设计和工艺设计采用并行工程处理，物料的消耗定额很容易确定，因此成本很容易降低。（4）由于生产品种的多样性，对制造过程中物料的供应商有较强的选择要求，因此外部物流的协调很难控制。

29. D 【解析】本题考查不同生产模式下的企业生产物流管理。在拉动式模式下，生产物流管理的特点为：（1）以最终用户的需求为生产起点，拉动生产系统各生产环节对生产物料的需求。（2）强调物流平衡，追求零库存，要求上一道工序加工完的零部件立即可以进入下一道工序。生产中的节拍可由人工干预、控制，但重在保证生产中的物流平衡。（3）在生产的组织上，计算机与看板结合，由看板传递后道工序对前道工序的需求信息。（4）将生产中的一切库存视为"浪费"，出发点是整个生产系统，而不是简单地将"风险"看作外界的必然条件，并认为库存掩盖了生产系统中的缺陷。

30. B 【解析】本题考查企业仓储管理的主要业务。散堆是指将无包装的散货在仓库或露天货场上堆成货堆的存放方式。这种方法适用于不用包装的颗粒状、块状的大宗散货，如煤炭、矿砂、散粮、海盐等。

31. A 【解析】本题考查企业库存管理与控制。按库存的目的可将库存分为以下四种类型：经常库存、安全库存、生产加工和运输过程的库存及季节性库存。

32. B 【解析】本题考查经济订货批量模型。经济订货批量 $EOQ = \sqrt{\dfrac{2Dc_0}{PH}}$，由题目信息可知 $D = 4\,000$（吨），$c_0 = 800$（元），$P = 16\,000$（元/吨），$H = 1\%$。所以经济订货批量 $EOQ = \sqrt{\dfrac{2 \times 4\,000 \times 800}{16\,000 \times 1\%}} = 200$（吨）。

33. A 【解析】本题考查企业物流的效率评价指标中的经济效率指标。经济效率=销售物流实现利税/销售物流资金占用。

34. B 【解析】本题考查知识产权管理中的专利权。我国《专利法》规定，发明专利的期限为 20 年，实用新型和外观设计专利权的期限是 10 年。

35. C 【解析】本题考查技术创新的过程与模式。系统集成和网络创新模式是一体化模式的理想化发展。

36. B 【解析】本题考查跟随战略的特征。跟随战略的投资重点是生产、销售。
37. C 【解析】本题考查技术创新决策的评估方法。在风险—收益气泡图中，可看出白象类项目技术成功的概率低、预期收益低。
38. C 【解析】本题考查企业技术创新的内部组织模式。新事业发展部是大企业为了开创全新事业而单独设立的组织形式，是独立于现有企业运行体系之外的分权组织。这类组织是一种固定性的组织，多数从若干部门抽调专人组成，是企业进入新的技术领域和产业领域的重要方式之一。
39. D 【解析】本题考查企业的研发模式。自主研发相对来说，商品化的速度慢，影响商业化开发进度。所以选项 D 错误。
40. D 【解析】本题考查技术价值的评估方法。根据成本模型公式 $P = \dfrac{(C+V)\beta}{(1-\gamma)}$，由题目信息可得 $C=300$（万元）；$V=500$（万元）；$\beta=1.4$；$\gamma=60\%$；所以技术成果价格 $P=(300+500)\times 1.4/(1-60\%)=2\,800$（万元）。
41. B 【解析】本题考查德尔菲法。德尔菲法是在每位专家均不知除自己以外的其他专家的任何情况下进行的，因而避免了由于彼此身份地位的差别、人际关系以及群体压力等原因对意见表达的影响，充分发挥了各位专家的作用，集思广益，预测的准确度相对较高，因此这种方法的应用比较广泛。
42. D 【解析】本题考查人力资源供给预测的方法。人员核查法是一种静态的方法，不能反映未来人力资源拥有量的变化，多用于短期人力资源拥有量预测。
43. C 【解析】本题考查转换比率分析法。2021 年需新增的人员总数：3 000÷1 000×8=24（人）。2021 年需新增的后勤服务人员：24÷(1+5+2)×2=6（人）。
44. A 【解析】本题考查薪酬等级的建立。为了建立薪酬等级，首先需要将职位划分成不同的等级，划分的依据是职位评价的结果。所以选项 A 错误。
45. C 【解析】本题考查绩效考核方法中的平衡计分卡。内部流程角度考核绩效，这是平衡计分卡突破传统绩效考核的显著特征之一。
46. B 【解析】本题考查企业薪酬制度设计的竞争原则。竞争原则是指企业向在某些重要职位上工作的员工提供的薪酬应高于同一地区或同一行业其他企业同种职位的薪酬，以使自己的企业具有吸引力和竞争力。
47. C 【解析】本题考查群体激励薪酬。收益分享计划是企业提供的一种与员工分享因生产率提高、成本节约和质量提高等而带来的收益的绩效奖励模式。
48. B 【解析】本题考查先付年金的概念。先付年金是指从第一期起，在一定时期内每期期初等额收付的系列款项，又称即付年金。
49. A 【解析】本题考查普通股资本成本率的测算。$K_c = R_f + \beta(R_m - R_f) = 6\% + 1.1 \times (10\% - 6\%) = 10.4\%$。
50. D 【解析】本题考查 MM 资本结构理论。在 MM 资本结构理论中，命题 I 的基本含义是公司的价值不会受资本结构的影响。
51. D 【解析】本题考查财务杠杆系数和资本成本率。财务杠杆系数越大，财务杠杆利益越大，财务风险越高。企业资本结构决策即确定最佳资本结构。最佳资本结构是指企业在适度财务风险的条件下，使其预期的综合资本成本率最低，同时使企业价值最大的资本结构。综合上述，测算财务杠杆系数和资本成本率的目的是优化资本结构。
52. D 【解析】本题考查债转股。债转股带来的变化是公司的债务资本转成权益资本、该出资者身份由债权人身份转变为股东身份。根据题干可知此项交易属于债转股。
53. A 【解析】本题考查企业并购的类型。横向并购即处于同一行业的两个或多个企业所进行的并购。
54. B 【解析】本题考查资产置换的含义。资产置换是指交易双方(有时可由多方)按某种约定价格

（如谈判价格、评估价格等），在某一时期内相互交换资产的交易。

55. A 【解析】本题考查电子商务。电子商务的"四流"指的是商流、资金流、物流、信息流。

56. D 【解析】本题考查电子商务的概念。根本上来说，电子商务是以商务活动为主体，以计算机网络为基础，以电子化方式为手段，其本质是商务的电子化，是一种电子化的商务模式。

57. D 【解析】本题考查企业实施电子商务的运作步骤。企业开始实施电子商务活动，具体包括电子商务网站推广、试运行、评估反馈、完善、全面实施等。

58. A 【解析】本题考查电子商务的概念。电子支付过程中，货币债权以数字信息的方式被持有、处理、接收。

59. D 【解析】本题考查网络市场间接调研的方法。网络市场间接调研主要是利用互联网收集与企业营销相关的市场、竞争者、消费者以及宏观环境等方面的二手资料信息。选项A、B、C属于网络市场直接调研的方法。

60. B 【解析】本题考查海上货物运输保险。海运货物保险基本险的责任期限，在保险实务中通常被称为"仓至仓"条款，即从启运地仓库直至收货人的最后仓库或储存处所或被保险人用作分配、分派或非正常运输的其他储存处所为止。

二、多项选择题

61. ABDE 【解析】本题考查钻石模型。根据钻石模型，波特教授认为，决定一个国家某种产业竞争力的要素有四个，即生产要素，需求条件，相关支撑产业以及企业战略、产业结构和同业竞争。机会和政府属于钻石模型的两个变量。

62. ABDE 【解析】本题考查定性决策方法。选项C错误，哥顿法并不明确地阐述决策问题，而是在给出抽象的主题之后，寻求卓越的构想。

63. ABD 【解析】本题考查发起人股东的特点。同一般股东相比，发起人股东在义务、责任承担及资格限制上有自己的特点：对公司设立承担责任、股份转让受到一定限制、资格的取得受到一定限制。

64. CD 【解析】本题考查股份有限公司的股东大会。股份有限公司的股东大会会议由全体股东出席，分为股东年会和临时股东大会。

65. ABD 【解析】本题考查市场定位的策略。市场定位的策略有避强定位策略、迎头定位策略和重新定位策略。

66. ABE 【解析】本题考查新产品的定价策略。实施撇脂定价策略的条件有：产品的质量、形象必须与高价相符，且有足够的消费者能接受这种高价并愿意购买；产品必须有特色，竞争者在短期内不易打入市场。选项C、D是实施市场渗透定价策略的条件。

67. ABCD 【解析】本题考查服务产品的特性。选项E错误，服务产品的所有权具有不可转让性。

68. ABDE 【解析】本题考查生产作业控制。广义上生产作业控制通常包括生产进度控制、在制品控制、库存控制、生产调度等。

69. ABDE 【解析】本题考查企业采购管理的目标。企业采购管理的目标：(1)确保生产经营的物资需要；(2)降低存货投资和存货损失；(3)保证并提高采购物品的质量；(4)发现和发展有竞争力的供应商；(5)改善企业内部和外部的工作关系；(6)有效降低采购成本。

70. ABCE 【解析】本题考查流通企业物流的内容。流通企业物流的内容包括批发企业的物流、零售企业的物流、仓储企业的物流、配送中心的物流、"第三方物流"企业的物流。

71. ABDE 【解析】本题考查技术领先战略与跟随战略选择考虑的因素。领先战略的投资大、风险大，跟随战略的风险小、收益小。选项C错误。

72. BCE 【解析】本题考查企业的研发模式。自主研发资金负担较大，委托研发商品化的速度较快。所以选项A、D不选。

73. ACE 【解析】本题考查技术创新的特点。技术创新不是技术行为，而是一种经济行为，选项B错误；技术创新具有外部性，选项D错误。

74. ABD 【解析】本题考查绩效考核的步骤。绩效考核的准备阶段的主要任务是制订绩效考核计划和做好技术准备工作。绩效考核的技术准备工作包括选择考核者、明确考核标准、确定考核方法等。

75. BCDE 【解析】本题考查企业薪酬制度设计的原则。企业在进行薪酬制度设计时应遵循的原则有公平原则、竞争原则、激励原则、量力而行原则和合法原则。

76. ABE 【解析】本题考查基本薪酬制度的设计方法。以职位为导向的基本薪酬制度的设计方法具体包括：职位等级法、职位分类法、计点法和因素比较法；以技能为导向的基本薪酬制度设计方法包括：以知识为基础的基本薪酬制度设计方法、以技能为基础的基本薪酬制度设计方法。选项C、D属于绩效考核的方法。

77. BC 【解析】本题考查综合资本成本率。个别资本成本率和各种资本结构两个因素决定综合资本成本率。

78. BCD 【解析】本题考查资本结构理论。关于资本结构富有成效的理论研究是企业筹资决策的重要基础。(1)早期资本结构理论包括：净收益观点、净营业收益观点、传统观点。(2)MM资本结构理论。(3)现代资本结构理论包括：代理成本理论、啄序理论、动态权衡理论、市场择时理论。

79. AC 【解析】本题考查电子商务产生背景。经济全球化与信息技术革命推动资本经济转变为信息经济和知识经济，强烈地影响着国际经济贸易环境，加快世界经济结构的调整与重组，不仅对经济活动方式、商务的运作过程和方法产生了巨大的影响，甚至对人类的思维方式、工作方式和生活方式也产生了重要影响，这种影响直接催生了电子商务。

80. CDE 【解析】本题考查电子商务的一般框架。电子商务系统框架结构是电子商务系统中拓展性强的一种结构模式，它的三个层次主要包括：网络层、信息发布(传输)层、一般业务服务层。

三、案例分析题

(一)

81. BCD 【解析】本题考查企业战略类型。"发展非钢产业，进军电脑行业，生产新型电脑产品"属于多元化战略。"购买了矿山，自主生产和供应铁矿石"属于后向一体化战略。"积极采取走出去战略，在欧洲多国建立独资子公司"属于国际化战略。

82. B 【解析】本题考查国际市场进入模式。投资进入模式是指企业在国际目标市场投资建立或扩充一个永久性企业，并对其经营管理拥有一定程度的控制权的市场进入模式，包括合资进入和独资进入两种形式。

83. C 【解析】本题考查后悔值原则。如下表所示，ABCD产品的最大后悔值分别为40、20、70、80，选取其中最小后悔值为20，所以应生产B产品。

产品	市场需求高	市场需求一般	市场需求低	max
A产品	30	10	40	40
B产品	15	20	0	20
C产品	10	15	70	70
D产品	0	0	80	80

84. AB 【解析】本题考查定性决策方法。定性决策方法主要有：头脑风暴法、德尔菲法、名义小组技术、哥顿法。

(二)

85. D 【解析】本题考查产品组合策略。产品组合的长度是指产品组合中所包含的产品项目的总数。企业的产品组合为2种液晶电视机、3种空调机、5种洗衣机和4种电冰箱，所以组合的长度为：2+3+5+4=14。

86. A 【解析】本题考查定价策略。现金折扣指对按约定日期付款的客户给予一定比例的折扣。约定"10天内付款的客户可享受2%的价格优惠,30天内付款的客户全价付款",体现了现金折扣的策略。

87. B 【解析】本题考查定价方法。目标价格=单位成本+目标收益率×资本投资额÷销售量=2 000+20%×50 000 000÷50 000=2 200(元)。

88. C 【解析】本题考查不同类型商品分销渠道。独家经销(代理)模式是指生产厂家在一定时期内,在某个地区只选择一家经销商(代理商),由该经销商(代理商)建立分销渠道系统的模式。

(三)

89. C 【解析】本题考查企业知识产权保护策略。我国专利法规定,发明专利权保护期限为20年,实用新型和外观设计专利权保护期限均为10年。

90. D 【解析】本题考查市场模拟模型。市场模拟模型的公式为$P=P_0 \times a \times b \times c$,根据题意可得:$P_0$=500(万元),$a$=1.15,$b$=1.1,$c$=1.2,$P=P_0 \times a \times b \times c$=500×1.15×1.1×1.2=759(万元)。

91. B 【解析】本题考查技术转让合同。技术转让合同是指合同一方当事人将一定的技术成果交给另一方当事人,而另一方当事人接受这一成果并为此支付约定的价款或费用的合同。结合案例中"甲企业对该项技术发明进行价值评估后,与乙企业签订了技术发明专利购买合同。合同约定,甲企业支付款项后,此项技术发明归甲企业所有",可知甲企业与乙企业签订的该项技术发明购买合同属于技术转让合同。

92. C 【解析】本题考查企业研发的模式。委托研发又称研发外包,即企业将所需技术的研发工作通过协议委托给外部的企业或者机构来完成。结合案例"甲企业使用该技术发明后,发现该项技术发明对企业技术能力的提高远远大于预期,于是同乙企业签订协议,将该技术研发委托给乙企业",可知属于研发外包模式。

(四)

93. B 【解析】本题考查一元回归分析法。a=20,b=0.03,$Y=a+bX=20+0.03X$,企业预计2021年销售额将达到1 500万元,所以$Y=20+0.03X=20+0.03×1 500=65$(人)。

94. B 【解析】本题考查人力资源需求预测。企业可以采用的人力资源需求预测的方法有:管理人员判断法、德尔菲法、转换比率分析法、一元回归分析法。选项A属于战略控制的方法;选项C属于绩效考核的方法;选项D属于人力资源供给预测的方法。

95. CD 【解析】本题考查人力资源供给预测。影响企业外部人力资源供给的因素包括:本地区的人口总量与人力资源供给率;本地区的人力资源的总体构成;宏观经济形势和失业率预期;本地区劳动力市场的供求状况;行业劳动力市场供求状况;职业市场状况。

96. AB 【解析】本题考查影响企业薪酬管理的因素。选项C、D属于外在因素。

(五)

97. B 【解析】本题考查期望报酬率的计算。期望报酬率的计算公式为:
$$\overline{K}=\sum_{i=1}^{n}K_i P_i=0.2×20\%+0.5×10\%+0.3×0\%=9\%。$$

98. AD 【解析】本题考查标准离差的相关知识。在期望报酬率相同的情况下,标准离差大的项目,说明离散程度大、风险大。

99. D 【解析】本题考查标准离差率的相关知识。如果A、B两个项目的期望报酬率不同,则需引入标准离差率来比较各项目的风险程度。在期望报酬率不同的情况下,标准离差率越大,风险越大;标准离差率越小,风险越小。

100. A 【解析】本题考查风险价值的概念。投资者进行风险投资是因为风险投资可以得到额外的报酬,即风险报酬。

最后冲刺套题(八)参考答案及详细解析

一、单项选择题

1. C 【解析】本题考查企业战略管理的内涵。选项 A 错误,高层战略管理者是总体战略的责任者;选项 B 错误,中层战略管理者是企业业务战略的责任者;选项 D 错误,企业总体战略的制定和决策是企业高层战略管理者的主要职责,战略的实施和控制是企业中层、基层战略管理者的主要职责。

2. C 【解析】本题考查企业战略的实施。企业战略实施是企业战略管理的关键环节。

3. B 【解析】本题考查平衡计分卡的相关知识。在平衡计分卡的学习与成长角度,确立了企业要创造长期的成长和改善就必须建立的基础框架,确立了目前和未来成功的关键因素。

4. C 【解析】本题考查企业核心竞争力分析的相关内容。资源竞争力是指企业所拥有的或者可以获得的各种"资源",包括外部资源和内部资源,如人力资源、原材料资源、土地资源、技术资源等。题干中主要体现的是人力资源,所以选 C。

5. A 【解析】本题考查定性决策方法中的德尔菲法。德尔菲法以匿名方式通过几轮函询征求专家的意见,预测组织小组对每一轮的意见进行汇总整理后作为参考再发给各专家,供他们分析判断,以提出新的论证。几轮函询后,专家意见渐趋一致,最后供决策者进行决策。

6. B 【解析】本题考查等概率原则。等概率原则是指当无法确定某种市场状态发生的可能性大小及其顺序时,可以假定每一市场状态具有相等的概率,并以此计算各方案的期望值,进行方案选择。

7. D 【解析】本题考查后悔值原则的计算。

市场状态 后悔值 方案	畅销	一般	滞销	max
Ⅰ	40	25	0	40
Ⅱ	20	0	5	20
Ⅲ	0	15	20	20
Ⅳ	10	5	10	10

min{40,20,20,10}=10,对应的方案Ⅳ为选取方案。

8. D 【解析】本题考查企业组织形式的类型。按照法律形态来划分,企业的组织形式包括个人业主制企业、合伙制企业和公司制企业。

9. C 【解析】本题考查经营者的特征。经营者的权利受董事会委托范围的限制。

10. A 【解析】本题考查股东的分类与构成。我国《公司法》规定,设立股份公司,其发起人必须半数以上在中国有住所。

11. B 【解析】本题考查经理机构的职权。拟订公司内部管理机构设置方案属于经理的职权。

12. C 【解析】本题考查经理的职权。经理对董事会负责,行使下列职权:(1)主持公司的生产经营管理工作,组织实施董事会决议;(2)组织实施公司年度经营和投资方案;(3)拟订公司内部管理机构设置方案;(4)拟订公司的基本管理制度;(5)制定公司的具体规章;(6)提请聘任或解聘公司副经理、财务负责人;(7)决定聘任或解聘除应由董事会聘任或解聘以外的负责管理人员;

(8)公司章程和董事会授予的其他职权。

13. A 【解析】本题考查有限责任公司监事会的议事规则。有限责任公司的监事会每年至少召开一次会议。

14. A 【解析】本题考查不规则需求。选项 B 是针对过量需求的任务，选项 C 是针对潜伏需求的任务，选项 D 是针对无需求的任务。

15. A 【解析】本题考查目标市场模式中的产品/市场集中化。产品/市场集中化即企业的目标市场无论是从市场(顾客)或是从产品角度，都是集中于一个细分市场，企业只生产或经营一种标准化产品，只供应某一顾客群。

16. C 【解析】本题考查产品组合的深度。产品组合的深度是指产品线中每种产品有多少花色品种、规格等。

17. D 【解析】本题考查新产品定价策略中的市场渗透定价策略。市场渗透定价策略是一种低价策略，新产品上市之初，将价格定得较低，利用价廉物美迅速占领市场，取得较高市场占有率，以获得较大利润。

18. A 【解析】本题考查渠道冲突的分类。按照渠道成员的层级关系类型，可把渠道冲突分为水平冲突、垂直冲突和多渠道冲突。

19. D 【解析】本题考查公共关系的概念。公共关系是指企业为取得社会、公众的了解与信赖、树立企业及产品的良好形象而进行的各种活动。

20. A 【解析】本题考查生产能力的种类。在编制企业年度、季度计划时，以计划生产能力为依据。

21. C 【解析】本题考查代表产品法。代表产品是反映企业专业方向、产量较大、占用劳动较多、产品结构和工艺上具有代表性的产品。四种产品中年产量最大的是丙产品，所以它为代表产品。

22. A 【解析】本题考查生产能力核算。以代表产品计算生产能力的步骤：选定代表产品；以代表产品计算生产能力；计算其他产品的换算系数；计算其他产品的生产能力。

23. C 【解析】本题考查生产周期法。生产周期法适用于单件小批生产类型企业的生产作业计划编制。

24. B 【解析】本题考查事后控制方式。事后控制方式的控制重点是下一期的生产活动，选项 B 错误。

25. C 【解析】本题考查库存的合理控制。机会成本包括两个内容：其一是由于库存不够带来的缺货损失；其二是物料本身占用一定资金，企业会失去将这部分资金改作他用的机会，由此给企业造成损失。

26. C 【解析】本题考查物料需求计划的结构。物料清单又称产品结构文件，它反映产品组成结构层次及每一层次下组成部分本身的需求量。

27. C 【解析】本题考查制造资源计划的内容。美国著名生产管理专家奥列弗·怀特首次提出将货币信息纳入 MRP 的方式，冠以"制造资源计划"的名称。

28. A 【解析】本题考查看板管理的概念。在丰田生产方式中，看板管理是对生产过程中各工序生产活动进行控制的信息系统。

29. A 【解析】本题考查企业物流的作业目标。快速反应是关系到一个企业能否及时满足顾客的服务需求的能力。

30. B 【解析】本题考查企业供应物流的相关知识。企业供应物流是企业物流活动的起始阶段。

31. D 【解析】本题考查不同生产类型下的企业生产物流特征。产品品种的多样化和数量的规模化，要求全程物流的支持，需要建立一个有效的供应链网络。描述的是多品种大批量型生产物流的特征。

32. D 【解析】本题考查企业仓储管理的调节货物运输能力的功能。调节货物运输能力的功能：各种运输工具的运量相差很大，它们之间进行转运时，运输能力是很不匹配的，这种运力的差异可以通过仓储来进行调节和衔接。

33. B 【解析】本题考查企业采购管理的相关知识。科学采购是实现企业经济利益最大化的基本利润源泉。

34. B 【解析】本题考查技术创新的类型。渐进（改进）的产品创新是指在技术原理没有重大变化的情况下，基于市场需要对现有产品所做的功能上的扩展和技术上的改进。如由火柴盒包装箱发展起来的集装箱，由收音机发展起来的组合音响等。

35. C 【解析】本题考查技术推动、需求拉动和交互作用创新模式。技术推动模式的创新难度大，需求拉动模式的创新难度较大，选项 C 错误。

36. D 【解析】本题考查领先战略的特征。领先战略的投资重点是技术开发、市场开发。

37. C 【解析】本题考查风险—收益气泡图的相关知识。面包和黄油型预期收益不高，是企业短期现金流的来源基础，选项 A 错误；珍珠型能够帮助企业开拓新市场，扩展新业务，为企业带来高额利润，是企业快速发展的动力，选项 B 错误；白象型消耗技术资源，不能给企业带来预期利益，应该终止或排除，选项 D 错误。

38. A 【解析】本题考查技术开发合同。技术开发合同包括委托开发合同和合作开发合同。

39. D 【解析】本题考查知识产权的主要形式。《知识产权协定》中列举的知识产权包括版权和相关权利、商标、地理标识、工业设计、专利、集成电路布图设计（拓扑图）和未披露信息，并对协议许可中的反竞争行为的控制做出了规定。

40. C 【解析】本题考查企业知识产权保护策略。发明专利权保护期限为 20 年；实用新型和外观设计专利权的保护期限为 10 年；作品的使用权、发表权、获得报酬的权利保护期限为作者终生及死后 50 年。作者的署名权、修改权、保护作品完整权的保护期不受限制。

41. A 【解析】本题考查人力资源规划的内容。具体计划包括人员补充计划、人员使用计划、人员接续及升迁计划、人员培训开发计划、薪酬激励计划等。

42. A 【解析】本题考查一元回归分析法的应用。今年的销售人员 $Y = 19.93 + 0.03X = 19.93 + 0.03 \times 1\,000 = 49.93$（人），约为 50 人。则商场需新招聘的销售人员 = 50 − 40 = 10（人）。

43. A 【解析】本题考查绩效考核的实施阶段。绩效沟通主要是管理者对下级人员完成绩效目标的情况进行了解，给予必要的督促、指导和建议，帮助他们克服困难，实现绩效目标。

44. D 【解析】本题考查绩效考核方法中的平衡计分卡。选项 D 错误，平衡计分卡以企业战略为导向，从顾客角度、内部流程角度、学习与成长角度、财务角度建立与关键成功因素密切联系的关键绩效指标体系。

45. D 【解析】本题考查企业薪酬制度设计的原则。竞争原则是指企业向在某些重要职位上工作的员工提供的薪酬应高于同一地区或同一行业其他企业同种职位的薪酬，以使自己的企业具有吸引力和竞争力。

46. D 【解析】本题考查激励薪酬的设计。选项 D 属于群体激励薪酬的形式。

47. D 【解析】本题考查福利的内容。福利具有税收方面的优惠，可以使员工得到更多的实际收入。

48. A 【解析】本题考查后付年金现值的计算。$P = A \cdot \dfrac{1-(1+i)^{-n}}{i} = 6 \times \{[1-(1+10\%)^{-3}]/10\%\} = 14.92$（万元）。

49. C 【解析】本题考查投资必要报酬率的计算。风险报酬率 = 风险报酬系数×标准离差率×100% = 10%×32%×100% = 3.2%，投资必要报酬率 = 无风险报酬率+风险报酬率 = 5%+3.2% = 8.2%。

50. D 【解析】本题考查财务杠杆的概念。财务杠杆也称融资杠杆，是指由于债务利息等固定性融资成本的存在，使权益资本净利率（或每股收益）的变动率大于息税前盈余率（或息税前盈余）变动率的现象。

51. B 【解析】本题考查每股利润分析法的决策规则。当企业的实际息税前盈余大于无差别点时,选择资本成本固定型筹资方式更有利,如银行贷款、发行债券或优先股;实际息税前盈余小于无差别点时,选择资本成本非固定型筹资方式,如发行普通股。

52. A 【解析】本题考查现金流量估算的相关内容。估算投资方案的现金流量应遵循的最基本的原则是:只有增量现金流量才是与项目相关的现金流量。

53. D 【解析】本题考查并购效应。选项 D 属于公司分立的效应。

54. C 【解析】本题考查现金流量的相关内容。初始现金流量包括流动资产投资,终结现金流量包括原来垫支在各种流动资产上的资金的收回,所以在估算初始现金流量和终结现金流量时均要考虑流动资产。

55. B 【解析】本题考查电子商务运作系统的组成要素。企业既是产品和服务的提供者,又是信息的提供者,是推动电子商务发展的根本力量。

56. D 【解析】本题考查 B2C。B2C 电子商务有 3 个基本组成部分:为顾客提供在线购物场所的网上商店;为顾客进行商品配送的物流系统;资金结算的电子支付系统。

57. C 【解析】本题考查电子商务的交易模式。中介控制型市场战略是由买卖双方企业之外的第三者建立,以便匹配买卖双方的需求与价格的市场战略。

58. D 【解析】本题考查国际货物运输保险。在国际货物运输中,海洋运输完成的运量占比在 80% 以上。

59. D 【解析】本题考查移动支付。移动支付特点:移动性、及时性、定制化、集成性。

60. B 【解析】本题考查网络营销的产品策略。产品标准化即这类产品的质量和性质有统一的标准,产品之间没有多大的差异,在购买前后质量都非常透明且稳定,不需在购买时进行检验或比较,如书刊、家电等。

二、多项选择题

61. ABCD 【解析】本题考查行业竞争结构分析。当供应者具有以下特征时,将处于有利的地位:(1)供应者的行业由少数企业控制,而购买方却很多;(2)没有替代品;(3)供应者能够进行深加工而与购买者竞争;(4)购买者只购买供应者产品的一小部分。

62. ACE 【解析】本题考查进入国际市场的模式。契约进入模式的形式包括许可证经营、特许经营、合同制造、管理合同等。选项 B、D 属于贸易进入模式的方式。

63. ABCE 【解析】本题考查有限责任公司股东会的职权。选项 D 属于董事会的职权。

64. ACD 【解析】本题考查董事会的职权。选项 B、E 属于股东会(股东大会)的职权。

65. BC 【解析】本题考查市场机会矩阵图。市场机会矩阵图的考虑因素包括潜在机会的吸引力、机会出现的可能性。

66. BCD 【解析】本题考查新产品的定价策略。新产品的定价策略包括:撇脂定价策略、市场渗透定价策略和温和定价策略。选项 A、E 属于产品组合定价策略。

67. ACE 【解析】本题考查企业生产计划的层次。企业的生产计划一般分为中长期生产计划、年度生产计划和生产作业计划三个层次。

68. ABC 【解析】本题考查事后控制的优点。事后控制方式的优点是方法简便、控制工作量小、费用低。其缺点是在"事后",本期的损失无法挽回。

69. ABDE 【解析】本题考查不同模式下的企业生产物流管理。推进式模式下物流和信息流是完全分离的,拉动式模式下物流和信息流是结合在一起的,选项 C 错误。

70. ABCD 【解析】本题考查企业销售物流的组织与控制。订单录入是指在订单实际履行前所进行的各项工作,主要包括以下方面:(1)核对订货信息的准确性。(2)检查所需的商品是否可得。

(3)如有必要,准备补交订货单或取消订单的文件。(4)审核客户信息。选项 E 发票的准备和邮寄属于订单履行的内容。

71. ABC 【解析】本题考查技术创新的过程与模式。技术推动创新模式、需求拉动创新模式和交互作用创新模式是最常见的,也是企业愿意采用的技术创新模式。

72. ACDE 【解析】本题考查知识产权管理。世界知识产权组织把知识产权界定为:(1)关于文学、艺术和科学作品的权利;(2)关于表演艺术家的表演以及唱片和广播节目的权利;(3)关于人类一切活动领域的发明的权利;(4)关于科学发现的权利;(5)关于工业品外观设计的权利;(6)关于商标、服务标记以及商业名称和标志的权利;(7)关于制止不正当竞争的权利;(8)在工业、科学、文学艺术领域内由于智力创造活动而产生的一切其他权利。选项 B 属于《知识产权协定》所列举的内容。

73. ACE 【解析】本题考查企业技术创新与知识产权制度的关系。知识产权制度为技术创新提供了一个外部的公平竞争的法律环境,因此知识产权制度为技术创新提供法律保护,选项 B 错误。知识产权制度随着技术创新的发生而产生,选项 D 错误。

74. AB 【解析】本题考查人力资源规划的内容。人员使用计划的目标包括:优化部门编制和人员结构、改善绩效、合理配置、加强职务轮换等。

75. BCD 【解析】本题考查绩效考核的内容。绩效考核内容是对企业员工工作任务的界定,选项 B、C、D 是绩效考核项目的内容,选项 A、E 是绩效考核指标的内容。

76. DE 【解析】本题考查以技能为导向的基本薪酬设计。以技能为导向的基本薪酬设计方法包括以知识为基础的基本薪酬制度设计方法和以技能为基础的基本薪酬制度设计方法。

77. ABCD 【解析】本题考查长期股权投资的控制。为了防范有关长期股权投资的风险,企业要建立起完善的长期股权投资内部控制制度体系,主要包括:明确职责分工与授权批准;可行性研究、评估与决策控制;投资执行控制;投资处置控制。

78. AD 【解析】本题考查资本成本。资本成本从绝对量的构成来看,包括用资费用和筹资费用。

79. ABC 【解析】本题考查网络市场调查的方法。选项 D 错误,专题讨论法是网上直接调查的方法。选项 E 错误,利用搜索引擎查找资料属于网络间接调查,查到的是二手资料。

80. ABC 【解析】本题考查国际货运保险索赔与理赔。保险索赔程序:损失通知、申请检验、提交有关单证。

三、案例分析题

(一)

81. D 【解析】本题考查企业战略的类型。房地产与制药行业是不相关的行业,所以该房地产公司实施的是非相关多元化战略。

82. BD 【解析】本题考查风险型决策方法。该公司进行的决策属于风险型决策,其具有一定的风险,所以选项 A 错误。借助数学模型进行判断的是确定型决策,所以选项 C 错误。

83. A 【解析】本题考查风险型决策方法中的期望损益决策法。生产甲药方案的期望值 = 45×0.3+20× 0.5+(−15)×0.2=20.5(万元)。

84. B 【解析】本题考查期望损益决策法的步骤。运用期望损益决策法决策的第一步是确定决策目标。

(二)

85. A 【解析】本题考查生产能力的种类。在编制企业年度、季度计划时,以计划生产能力为依据。所以,该企业核算生产能力的类型是计划生产能力。

86. BCD 【解析】本题考查影响企业生产能力的因素。影响企业生产能力的因素:固定资产的数量、固定资产的工作时间、固定资产的生产效率。

87. D 【解析】本题考查单一品种生产条件下设备组生产能力的计算。设备组生产能力＝（单位设备有效工作时间×设备数量）/时间定额＝（250×7.5×2×20）/1＝75 000（件）。

88. BCD 【解析】本题考查生产计划的指标。生产计划应建立包括产品品种、产品质量、产品产量及产品产值四类指标为主要内容的生产指标体系。

(三)

89. B 【解析】本题考查经济订货批量的计算。

$$EOQ = \sqrt{\frac{2 \times 年需求量 \times 单次订货费用}{单价 \times 保管费率}} = \sqrt{\frac{2 \times 5\,000\,000 \times 5\,000}{2\,000 \times 1\%}} = 50\,000（吨）。$$

90. D 【解析】本题考查货物的堆码方式。垛堆方式适用于有外包装和不需要包装的长、大件货物，如箱、桶、筐、袋装的货物，以及木材、钢材等。

91. ABC 【解析】本题考查企业销售物流综合绩效评价。建立销售物流综合绩效考评体系的原则包括：整体性原则、可比性原则、经济性原则、定量与定性相结合的原则。

92. BCD 【解析】本题考查企业销售物流的效率评价指标。评价指标包括：销售物流的合理物流率、迅速物流及时率、准确完成物流率、耗损率、经济效率。选项A属于企业销售物流的客户满意度评价指标。

(四)

93. B 【解析】本题考查企业联盟的组织运行模式。联邦模式的联盟核心是核心团队（由具备核心能力的企业联合组成），可用于高新技术产品的快速联合开发，根据材料可知，该组织运行模式是联邦模式。

94. A 【解析】本题考查国际技术贸易的基本方式。许可贸易是指知识产权或专有技术的所有人作为许可方，通过与被许可方签订许可合同，将其所拥有的技术授予被许可方，允许被许可方按照合同约定的条件使用该项技术，制造或销售合同产品，并由被许可方支付一定数额的技术使用费的技术贸易行为。由定义判定案例中的贸易行为属于许可贸易。

95. D 【解析】本题考查技术合同类型中的技术转让合同。技术转让合同是指合同一方当事人将一定的技术成果交给另一方当事人，而另一方当事人接受这一成果并为此支付约定的价款或费用的合同。根据"甲公司对该项技术价值评估后，与该科研机构签订了购买合同"，可知属于技术转让合同。

96. A 【解析】本题考查市场模拟模型的计算。类似技术实际交易价格 $P_0 = 30$（万元），技术经济性能修正系数 $a = 1+35\% = 1.35$，时间修正系数 $b = 1+15\% = 1.15$，寿命修正系数 $c = (15-3)/7 = 1.7$，根据公式可得，$P = P_0 \times a \times b \times c = 30 \times 1.35 \times 1.15 \times 1.7 = 79.18$（万元）。

(五)

97. C 【解析】本题考查股权的资本成本。在资本资产定价模型下，股票的资本成本即为普通股投资的必要报酬率。普通股投资的必要报酬率＝无风险报酬率＋风险系数×（市场平均报酬率－无风险报酬率）＝3.8%＋1.2×（13.5%－3.8%）＝15.44%。

98. D 【解析】本题考查综合资本成本率的计算。综合资本成本率＝2/6×7%＋4/6×16%＝13%。

99. ABD 【解析】本题考查普通股融资方式的影响。增发新股会使每股收益被摊薄、大股东控股权被稀释，综合资本成本率会提高，而资产负债率会降低。

100. AB 【解析】本题考查资本成本率的相关内容。在计算债务资本成本率时会涉及所得税，所得税率提高，会降低债务资本成本率。选项A、B是债务资本。选项C、D属于股权资本。

致亲爱的读者

"梦想成真"系列辅导丛书自出版以来,以严谨细致的专业内容和清晰简洁的编撰风格受到了广大读者的一致好评,但因水平和时间有限,书中难免会存在一些疏漏和错误。读者如有发现本书不足,可扫描"欢迎来找茬"二维码上传纠错信息,审核后每处错误奖励10元购课代金券。(多人反馈同一错误,只奖励首位反馈者。请关注"中华会计网校"微信公众号接收奖励通知。)

在此,诚恳地希望各位学员不吝批评指正,帮助我们不断提高完善。

邮箱:mxcc@cdeledu.com

微博:@正保文化

欢迎来找茬

中华会计网校
微信公众号

A. 每股收益会被摊薄 B. 大股东控股权会被稀释
C. 资产负债率会提高 D. 综合资本成本率会提高

100. 如果该公司所得税率提高，则该公司( )的资本成本率会降低。
    A. 贷款 B. 债券
    C. 增发新股 D. 留存收益

体系,该体系的内容主要包括( )。
A. 明确职责分工与授权批准
B. 可行性研究、评估与决策控制
C. 投资执行控制
D. 投资处置控制
E. 投资收益分配

78. 企业的资本成本包括( )。
A. 用资费用
B. 营业费用
C. 销售费用
D. 筹资费用
E. 制造费用

79. 关于网络市场调查,下列说法中正确的有( )。
A. 网络调查将成为21世纪应用领域最广泛的主流调查方法之一
B. 网络调查既适合于个案调查也适合于统计调查
C. 使用最多的网络市场直接调研是专题讨论法和在线问卷法
D. 专题讨论法是网上间接调查的方法
E. 利用搜索引擎可以查找到一手资料

80. 下列选项属于保险索赔程序的有( )。
A. 损失通知
B. 申请检验
C. 提交有关单证
D. 现场勘查
E. 明确范围

三、案例分析题(共20题,每题2分。由单选和多选组成。错选,本题不得分;少选,所选的每个选项得0.5分)

(一)

某房地产公司今年正式进军制药行业,成立了药业子公司。该子公司准备生产新药,有甲药、乙药和丙药三种产品方案可供选择。每种新药均存在着市场需求高、市场需求一般、市场需求低三种市场状态。每种方案的市场状态及其概率、损益值如下表所示:

市场状态 损益值 方案	市场需求高 0.3	市场需求一般 0.5	市场需求低 0.2
生产甲药	45万元	20万元	-15万元
生产乙药	35万元	15万元	5万元
生产丙药	30万元	16万元	9万元

81. 该房地产公司该房地产公司实施的战略属于( )。
A. 纵向一体化战略
B. 横向一体化战略
C. 相关多元化战略
D. 非相关多元化战略

82. 关于该药业子公司所面对的决策状态的说法,正确的是( )。
A. 该种决策不存在风险
B. 该种决策存在多种市场状态,各种市场状态发生的概率可以估计
C. 该种决策可借助数学模型进行准确的决策判断

A. 推进式模式是以 MRP 技术为核心的企业生产物流管理模式
B. 推进式管理生产物流实际上做不到按需生产
C. 推进式模式下物流和信息流是结合在一起的
D. 拉动式生产物流可以真正做到按需生产
E. 对物流平衡的无限追求是拉动式模式的核心所在

70. 订单录入是指在订单实际履行前所进行的各项工作,主要包括(　　)。
    A. 核对订货信息的准确性　　　　B. 检查所需的商品是否可得
    C. 准备补交订货单或取消订单的文件　　D. 审核客户信息
    E. 发票的准备和邮寄

71. 最常见的、也是企业愿意采用的技术创新模式有(　　)。
    A. 技术推动创新模式　　　　　　B. 需求拉动创新模式
    C. 交互作用创新模式　　　　　　D. A-U 过程创新模式
    E. 系统集成和网络创新模式

72. 世界知识产权组织界定的知识产权包括(　　)。
    A. 关于制止不正当竞争的权利
    B. 关于地理标识的权利
    C. 关于表演艺术家的表演以及唱片和广播节目的权利
    D. 关于人类一切活动领域的发明的权利
    E. 关于商标、服务标记以及商业名称和标志的权利

73. 关于技术创新与知识产权制度关系的说法,正确的有(　　)。
    A. 技术创新推动了知识产权制度的发展
    B. 技术创新为知识产权提供法律保护
    C. 知识产权制度为技术创新提供了内在的动力机制
    D. 技术创新产生于知识产权制度
    E. 知识产权制度为技术创新提供了外部公平竞争的法律环境

74. 企业人力资源规划中人员使用计划的目标主要有(　　)。
    A. 优化部门编制　　　　　　　　B. 加强职务轮换
    C. 促进员工个人发展　　　　　　D. 改善企业文化
    E. 明确补充人员的数量及类别

75. 绩效考核内容是对企业员工工作任务的界定,绩效考核项目具体包括(　　)。
    A. 分析判断能力　　　　　　　　B. 工作业绩
    C. 工作能力　　　　　　　　　　D. 工作态度
    E. 决策行动能力

76. 某企业决定以技能为导向设计基本薪酬,其可采用的方法有(　　)。
    A. 职位等级法
    B. 因素比较法
    C. 宽带型薪酬结构设计方法
    D. 以知识为基础的基本薪酬制度设计方法
    E. 以技能为基础的基本薪酬制度设计方法

77. 为了防范有关长期股权投资的风险,企业要建立起完善的长期股权投资内部控制制度

  C. 技术服务合同   D. 技术咨询合同

39. 《知识产权协定》中列举的知识产权不包括(　　)。
  A. 商标权   B. 版权
  C. 工业设计权   D. 制止不正当竞争的权利

40. 根据我国相关法律，下列知识产权中，保护期限最短的是(　　)。
  A. 作者的署名权   B. 作品的发表权
  C. 实用新型专利权   D. 发明专利权

41. 企业的人员补充计划、人员使用计划和人员培训开发计划属于(　　)。
  A. 具体计划   B. 总体计划
  C. 中期规划   D. 长期规划

42. 某商场的销售额和所需销售人员成正相关关系，X 为销售额，Y 为销售人员，据历史资料得到回归方程 $Y=19.93+0.03X$。去年商场现有销售人员 40 名。若今年商场计划实现销售额 1 000 万元，则商场需新招聘销售人员(　　)人。
  A. 10   B. 11
  C. 50   D. 51

43. 管理者对下级人员完成绩效目标的情况进行了解，给予必要的督促、指导和建议，帮助他们克服困难，实现绩效目标。这属于绩效考核过程中的(　　)。
  A. 绩效沟通   B. 绩效考核评价
  C. 考核结果反馈   D. 考核结果运用

44. 下列关于平衡计分卡绩效考核方法的表述中，错误的是(　　)。
  A. 平衡计分卡法将财务方面作为所有目标考核的焦点
  B. 平衡计分卡是战略绩效管理的有力工具
  C. 内部流程角度是平衡计分卡法突破传统绩效考核的显著特征之一
  D. 以企业战略为导向，仅从顾客角度和财务角度建立与关键成功因素有密切联系的关键绩效指标体系

45. 企业向在某些重要职位上工作的员工提供的薪酬应高于同一地区或同一行业其他企业同种职位的薪酬，以使自己的企业具有吸引力和竞争力，这体现了薪酬制度设计的(　　)。
  A. 公平原则   B. 合法原则
  C. 激励原则   D. 竞争原则

46. 个人激励薪酬的主要形式不包括(　　)。
  A. 计件制   B. 绩效工资
  C. 工时制   D. 员工持股制度

47. 关于福利的说法，错误的是(　　)。
  A. 福利多采取实物支付或延期支付的形式
  B. 福利具有准固定成本的性质
  C. 福利具有典型的保健性质
  D. 福利不具有税收方面的优惠

48. 甲公司从乙公司租入一台设备，合同约定租期 3 年，甲公司每年年末支付给乙公司 6 万元，假定年复利率 10%，则甲公司支付的租金现值总计是(　　)万元。

A. 看板管理 B. 库存管理
C. 主生产计划 D. 准时生产

29. 下列企业物流的作业目标中，关系到一个企业能否及时满足顾客的服务需求能力的是( )。
   A. 快速反应 B. 最小变异
   C. 最低库存 D. 物流质量

30. 企业物流活动的起始阶段是( )。
   A. 企业采购物流 B. 企业供应物流
   C. 企业生产物流 D. 企业销售物流

31. 产品品种的多样化和数量的规模化，要求全程物流的支持，需要建立一个有效的供应链网络。具有该生产物流特征的生产类型是( )。
   A. 单一品种小批量型生产 B. 多品种小批量型生产
   C. 单一品种大批量型生产 D. 多品种大批量型生产

32. 仓储管理使船舶运输的大批货物在港口由汽车和火车分批、分期转运至内陆，这体现了仓储管理的( )功能。
   A. 供需调节 B. 价格调节
   C. 配送与流通加工 D. 货物运输能力调节

33. 实现企业经济利益最大化的基本利润源泉是( )。
   A. 成本控制 B. 科学采购
   C. 产品质量 D. 生产供应

34. 收音机发展为组合音响，这种技术创新属于( )。
   A. 重大(全新)的产品创新 B. 渐进(改进)的产品创新
   C. 重大的工艺创新 D. 渐进的工艺创新

35. 下列关于技术推动、需求拉动和交互作用创新模式的特点，表述错误的是( )。
   A. 技术推动模式的创新周期长，交互作用模式的创新周期短
   B. 需求拉动模式的研发组织是业务开发单元，交互作用模式的研发组织是研发项目
   C. 技术推动模式的创新难度较大，需求拉动模式的创新难度较小
   D. 技术推动模式的创新成果应用难，需求拉动模式的创新成果应用容易

36. 技术创新战略中，领先战略的投资重点是( )。
   A. 产品技术 B. 工艺技术
   C. 生产、销售 D. 技术开发、市场开发

37. 关于项目地图法的说法，正确的是( )。
   A. 白象型预期收益不高，是企业短期现金流的来源基础
   B. 面包和黄油型能够帮助企业开拓新市场，为企业带来高额利润，是企业快速发展的动力
   C. 牡蛎型是企业根据长期技术发展战略对新兴或突破性技术的研究和开发项目，是企业长期竞争优势的源泉
   D. 珍珠型消耗技术资源，不能给企业带来预期利益，应该终止或排除

38. 技术开发合同包括委托开发合同和( )。
   A. 合作开发合同 B. 专利权转让合同

最后冲刺套题(八)

一、单项选择题(共60题,每题1分。每题的备选项中,只有1个最符合题意)

1. 关于企业战略管理者职责的说法,正确的是( )。
   A. 高层战略管理者是企业业务战略的责任者
   B. 中层战略管理者是总体战略的责任者
   C. 基层战略管理者是企业职能战略的责任者
   D. 企业战略的实施和控制是企业高层、基层战略管理者的主要职责

2. 企业战略管理的关键环节是( )。
   A. 战略环境分析　　　　　　　　B. 企业战略制定
   C. 企业战略实施　　　　　　　　D. 企业战略控制

3. 在平衡计分卡的( )角度,确立了企业要创造长期的成长和改善就必须建立的基础框架,确立了目前和未来成功的关键因素。
   A. 内部流程　　　　　　　　　　B. 学习与成长
   C. 顾客　　　　　　　　　　　　D. 财务

4. 某高新技术企业积极吸引并聚集了大量高素质的研发人才和管理人才,构建了企业的核心竞争力。该企业的核心竞争力体现为( )。
   A. 关系竞争力　　　　　　　　　B. 环境竞争力
   C. 资源竞争力　　　　　　　　　D. 市场竞争力

5. 下列决策方法中,通过匿名方式征询专家意见,经过几轮的函询后,把趋于一致的专家意见提供给决策者进行决策的是( )。
   A. 德尔菲法　　　　　　　　　　B. 哥顿法
   C. 头脑风暴法　　　　　　　　　D. 名义小组技术

6. 当无法确定某种市场状态发生的可能性大小及其顺序时,可以假定每一市场状态具有相等的概率,并以此计算各方案的损益值,进行方案选择。这种方法称为( )。
   A. 折中原则　　　　　　　　　　B. 等概率原则
   C. 后悔值原则　　　　　　　　　D. 乐观原则

7. 某企业拟开发新产品,有四种设计方案可供选择,见下表。根据后悔值原则,该企业应选择( )。

市场状态 后悔值 方案	畅销	一般	滞销
Ⅰ	60	30	10
Ⅱ	80	55	5
Ⅲ	100	40	−10
Ⅳ	90	50	0

98. 如果 A、B 两个项目的期望报酬率相同，则标准离差大的项目(　　)。
   A. 风险大
   B. 风险小
   C. 报酬离散程度小
   D. 报酬离散程度大
99. 如果 A、B 两个项目的期望报酬率不同，则需通过计算(　　)比较两个项目的风险。
   A. 资本成本率
   B. 风险报酬系数
   C. 风险报酬率
   D. 标准离差率
100. 公司选择风险大的项目进行投资，是为了获取(　　)。
   A. 更高的风险报酬
   B. 更高的货币时间价值
   C. 更低的债务资本成本
   D. 更低的营业成本

A. 边际资本成本率 B. 个别资本成本率
C. 各种资本结构 D. 股利率
E. 利息率

78. 可用于指导企业筹资决策的理论有( )。
A. 市场结构理论 B. 动态权衡理论
C. MM资本结构理论 D. 啄序理论
E. 双因素理论

79. 促使电子商务产生的主要因素有( )。
A. 经济全球化 B. 实体店升级
C. 信息技术改革 D. 全球交通便利化
E. 再工业化

80. 从结构层次的角度看,电子商务系统的框架结构包括( )。
A. 物流层 B. 客户关系层
C. 网络层 D. 信息发布(传输)层
E. 一般业务服务层

三、**案例分析题**(共20题,每题2分。由单选和多选组成。错选,本题不得分;少选,所选的每个选项得0.5分)

(一)

某大型钢铁集团通过大规模的并购活动,兼并多家钢铁生产企业,进一步扩大钢铁产品的市场占有率。同时,为了降低产品成本,该集团又购买了矿山,自主生产和供应铁矿石。另外,该集团积极采取走出去战略,在欧洲多国建立独资子公司,向当地供应高端钢材产品,实现当地生产、当地销售。为了获取新的利润增长点,该集团发展非钢产业,进军电脑行业,生产新型电脑产品,共有A产品、B产品、C产品、D产品四种电脑产品方案可供选择;每种产品均存在市场需求高、市场需求一般、市场需求低三种可能的市场状态,但各种状态发生的概率难以测算;在市场调查的基础上,该集团对四种备选方案的损益进行了预测,在不同市场状态下损益值如下表所示(单位:百万元)。

产品方案的决策损益表

产品	市场需求高	市场需求一般	市场需求低
A产品	60	40	10
B产品	75	30	50
C产品	80	35	-20
D产品	90	50	-30

81. 该集团目前实施的战略有( )。
A. 前向一体化战略 B. 多元化战略
C. 后向一体化战略 D. 国际化战略

82. 该集团进入国际市场的模式是( )。
A. 需求拉动模式 B. 投资进入模式
C. 契约进入模式 D. 贸易进入模式

83. 若采用后悔值原则进行新型电脑产品的决策,该集团应选择的方案为生产( )。

69. 采购管理的基本目标有（　　）。
    A. 降低采购成本　　　　　　　　　B. 确保生产经营的物资需要
    C. 增加采购物品的数量　　　　　　D. 发现和发展有竞争力的供应商
    E. 减少存货损失

70. 流通企业物流是指从事商品流通的企业和专门从事实物流通的企业的物流，具体包括（　　）。
    A. 批发企业的物流　　　　　　　　B. 零售企业的物流
    C. 仓储企业的物流　　　　　　　　D. 专业子公司物流
    E. 配送中心的物流

71. 下列关于选择技术领先战略与跟随战略时考虑因素的表述正确的有（　　）。
    A. 领先战略要求技术开发能力很强
    B. 跟随战略要求生产销售能力要较强
    C. 跟随战略的投资大、风险大
    D. 跟随战略是要争取超越领先者
    E. 技术越不易复制，后续开发越快，领先的持久性就越好，因此具备持续开发能力

72. 关于自主研发、合作研发和委托研发的说法，正确的有（　　）。
    A. 自主研发资金负担较小
    B. 合作研发可分散风险
    C. 委托研发对提高本企业的技术能力作用不大
    D. 委托研发商品化的速度较慢
    E. 自主研发有助于企业形成自己独特的技术或产品

73. 关于技术创新特点的说法，正确的有（　　）。
    A. 不同层次的技术创新所需时间存在差异性
    B. 技术创新从根本上是一种技术行为
    C. 技术创新是一项高风险活动
    D. 技术创新具有较强的内部性
    E. 技术创新是一种一体化和国际化的活动

74. 下列绩效考核活动中，属于绩效考核准备阶段的有（　　）。
    A. 选择考核者　　　　　　　　　　B. 明确考核标准
    C. 进行绩效沟通　　　　　　　　　D. 明确考核方法
    E. 绩效考核评价

75. 企业在进行薪酬制度设计时应遵循的原则有（　　）。
    A. 灵活原则　　　　　　　　　　　B. 竞争原则
    C. 激励原则　　　　　　　　　　　D. 合法原则
    E. 量力而行原则

76. 企业进行基本薪酬制度设计时，常用的方法有（　　）。
    A. 职位等级法　　　　　　　　　　B. 职位分类法
    C. 关键绩效指标法　　　　　　　　D. 目标管理法
    E. 计点法

77. 决定综合资本成本率的因素包括（　　）。

A. 自主研发资金负担大
B. 合作研发有助于迅速提高企业的技术能力
C. 委托研发不需要企业投入太多的精力
D. 自主研发的商品化速度较快

40. 某企业拟开发一项技术，经评估，预计该技术开发的物质消耗为300万元，人力消耗为500万元，技术复杂系数为1.4，研究开发的风险概率为60%，根据技术价值评估的成本模型，该技术成果的价格为(　　)万元。
A. 700　　　　　　　　　　　B. 800
C. 1 120　　　　　　　　　　D. 2 800

41. 下列人力资源需求预测方法中，能够充分发挥专家作用、集思广益、预测准确度相对较高的方法是(　　)。
A. 人员核查法　　　　　　　　B. 德尔菲法
C. 转换比率分析法　　　　　　D. 一元回归分析法

42. 下列人力资源预测方法中，(　　)是一种静态的方法，不能反映未来人力资源拥有量的变化，多用于短期人力资源拥有量预测。
A. 管理人员接续计划法　　　　B. 管理人员判断法
C. 马尔可夫模型　　　　　　　D. 人员核查法

43. 某企业通过统计研究发现，年销售额每增加1 000万元，需增加管理人员、销售人员和后勤服务人员共8名，新增人员中，管理人员、销售人员和后勤服务人员的比例是1：5：2。该企业预计2021年销售额比2020年销售额增加3 000万元。根据转换比率分析法计算，该企业2021年需要新增后勤服务人员(　　)人。
A. 3　　　　　　　　　　　　B. 5
C. 6　　　　　　　　　　　　D. 9

44. 下列关于薪酬等级的表述错误的是(　　)。
A. 依据薪酬调查的结果划分职位等级
B. 为了建立薪酬等级，首先需要将职位划分成不同的等级
C. 在建立薪酬等级时，职位等级确定以后，接着就要确定各个等级的薪酬区间
D. 职位等级划分的数量取决于多种因素，但其基本的原则是能够反映出职位的价值差异

45. 绩效考核方法中，平衡计分卡的(　　)是其突破传统绩效考核的显著特征之一。
A. 顾客角度　　　　　　　　　B. 财务角度
C. 内部流程角度　　　　　　　D. 学习与成长角度

46. 某企业制定的薪酬高于同一地区或同一行业其他企业同种职位的薪酬，以使自己的企业具有吸引力和竞争力，这体现了该企业在进行薪酬设计时遵循了(　　)。
A. 公平原则　　　　　　　　　B. 竞争原则
C. 激励原则　　　　　　　　　D. 合法原则

47. 企业提供的一种与员工分享因生产率提高、成本节约和质量提高等而带来的收益的绩效奖励模式属于(　　)。
A. 利润分享计划　　　　　　　B. 特殊绩效认可计划
C. 收益分享计划　　　　　　　D. 员工持股制度

B. 生产过程组织一般采用混流生产
C. 物料的消耗定额可以准确制定
D. 外部物流的协调比较容易

29. 生产中的一切库存视为"浪费"的生产模式是（　　）。
   A. 单品种大批量生产模式   B. 多品种大批量生产模式
   C. 推动式精益生产模式   D. 拉动式精益生产模式

30. 大量无包装海盐的最佳库存方式是（　　）。
   A. 货架堆放   B. 散堆
   C. 成组堆放   D. 垛堆

31. 将库存分为经常库存、安全库存、生产加工和运输过程库存及季节性库存的依据是（　　）。
   A. 库存的目的   B. 库存的经济用途
   C. 库存的周转周期   D. 库存存放的地点

32. 某种新材料的年需求量为4 000吨，单价为16 000元/吨，单次订货费用为800元，每吨年保管费率为1%，该种原材料的经济订货批量为（　　）吨。
   A. 150   B. 200
   C. 250   D. 300

33. 在企业物流的效率评价指标中，经济效率指的是（　　）的比值。
   A. 销售物流实现利税与销售物流占用资金
   B. 迅速及时完成销售物流量与销售物流总完成量
   C. 耗损量与销售物流总完成量
   D. 准确无误完成销售物流量与销售物流总完成量

34. 我国《专利法》规定，实用新型和外观设计专利权的期限为（　　）年。
   A. 5   B. 10
   C. 15   D. 20

35. 下列技术创新的过程与模式中，（　　）是一体化模式的理想化发展，其强调企业需要注意内、外在环境的变化，采取适当的经营策略。
   A. A-U过程创新模式   B. 国家创新体系
   C. 系统集成和网络创新模式   D. 需求拉动模式

36. 技术跟随战略的投资重点是（　　）。
   A. 技术开发、市场开发   B. 生产、销售
   C. 产品技术   D. 工艺技术

37. 根据风险—收益气泡图，白象型技术项目的特征是（　　）。
   A. 预期收益高、技术成功概率高   B. 预期收益低、技术成功概率高
   C. 预期收益低、技术成功概率低   D. 预期收益高、技术成功概率低

38. 某企业为了研发某种新材料，专门招聘人员并设立了独立的固定部门进行研发，该企业设立的这种创新组织属于（　　）。
   A. 内企业家   B. 技术创新小组
   C. 新事业发展部   D. 产学研联盟

39. 下列关于自主研发、合作研发和委托研发的说法，错误的是（　　）。

最后冲刺套题(七)

一、单项选择题(共60题,每题1分。每题的备选项中,只有1个最符合题意)

1. 某家电企业为拓展经营领域,决定进军医药行业。从战略层次角度分析,该企业的此项战略属于(　　)。
   A. 企业总体战略　　　　　　　　　　B. 企业业务战略
   C. 企业部门战略　　　　　　　　　　D. 企业职能战略

2. 关于企业愿景的说法,错误的是(　　)。
   A. 企业愿景等同于企业使命
   B. 企业愿景不只专属于企业高层管理者,企业内部每一位员工都应参与构思制定愿景
   C. 企业愿景是企业对未来前景和发展方向的高度概括
   D. 企业愿景包括企业核心信仰和未来前景两部分内容

3. 某企业将战略决策范围由少数高层领导扩大到企业高层管理集体,积极协调高层管理人员达成一致意见并将协商确定后的战略加以推广和实施。该企业采用的战略实施模式是(　　)。
   A. 指挥型　　　　　　　　　　　　　B. 变革型
   C. 合作型　　　　　　　　　　　　　D. 文化型

4. 企业战略管理者及参与战略实施者根据战略目标和行动方案,对战略的实施状况进行全面的评审,及时发现偏差并纠正偏差的活动称为(　　)。
   A. 战略制定　　　　　　　　　　　　B. 战略实施
   C. 战略控制　　　　　　　　　　　　D. 战略评价

5. 某企业生产某产品的固定成本为40万元,单位可变成本为10元,产品单位售价为15元,其盈亏平衡点的产量为(　　)件。
   A. 12 857　　　　　　　　　　　　　B. 22 500
   C. 30 000　　　　　　　　　　　　　D. 80 000

6. 某企业的液晶显示技术,使其可以在笔记本电脑、计算器、电视显像技术等领域都比较容易地获得一席之地,取得竞争优势。这表明企业的核心竞争力应具备一定的(　　)。
   A. 价值性　　　　　　　　　　　　　B. 异质性
   C. 延展性　　　　　　　　　　　　　D. 持久性

7. 下列不属于实施集中战略途径的是(　　)。
   A. 通过选择产品系列　　　　　　　　B. 通过细分市场选择重点客户
   C. 通过市场细分选择重点地区　　　　D. 通过规模效应

8. 公司所有权本身的分离是(　　)。
   A. 法人产权与债权的分离　　　　　　B. 法人产权与经营权的分离
   C. 原始所有权与法人产权的分离　　　D. 原始所有权与一般所有权的分离

9. 在信息时代,经营者可以凭借其特有的职业素质,使其在信息交流中处于内外结点,从

97. 该生产线的每年净营业现金流量为( )万元。
    A. 100　　　　　　　　　　　　B. 150
    C. 240　　　　　　　　　　　　D. 280
98. 评估该生产线项目财务可行性时,该公司可采用的贴现现金流量指标是( )。
    A. 净现值　　　　　　　　　　B. 内部报酬率
    C. 标准离差率　　　　　　　　D. 年金现值系数
99. 估算该生产线与投资现金流量时,该生产线的流动资产投资额应计入( )。
    A. 初始现金流量　　　　　　　B. 营业现金流量
    C. 终结现金流量　　　　　　　D. 自由现金流量
100. 若该公司引入肯定当量系数调整现金流量,肯定当量系数的数值应在( )。
    A. −1~0　　　　　　　　　　　B. −1~1
    C. 0~1　　　　　　　　　　　　D. 1~100

80. 电子商务的框架结构由三个层次和四个支柱组成,其四个支柱包括( )。
   A. 公共政策　　　　　　　　　　B. 硬件标准
   C. 技术标准　　　　　　　　　　D. 网络安全
   E. 法律规范

三、案例分析题(共20题,每题2分。由单选和多选组成。错选,本题不得分;少选,所选的每个选项得0.5分)

(一)

某跨国汽车公司1997年进入中国市场,业务范围不断扩大,不仅在汽车制造领域站稳脚跟,而且通过并购、联合等多种形式,使业务遍及家电、医药、建筑等多个领域。在汽车制造领域,该公司业绩表现尤为突出,不断针对不同类型人群,推出具有独特功能和款式的新型号汽车,占领不同领域消费市场,市场占有率大幅提升。今年该公司拟推出一款新功能车型,备选车型共有 A、B、C 三种。未来市场状况存在畅销、一般和滞销三种可能,但各种情况发生的概率难以测算。在市场调查的基础上,公司对三种型号汽车的损益状况进行了预测,在不同市场状态下的损益值如下表所示:

某公司 A、B、C 三型汽车经营损益表　　　单位:万元

市场状态 损益值 车型	畅销	一般	滞销
A 型汽车	600	400	100
B 型汽车	700	600	0
C 型汽车	800	500	-200

81. 该公司所实施的经营战略为( )。
   A. 成本领先战略　　　　　　　　B. 差异化战略
   C. 集中战略　　　　　　　　　　D. 多元化战略

82. 若采用折中原则计算(最大值系数 α = 0.7),生产 C 型汽车能使公司获得的经济效益为( )万元。
   A. 450　　　　　　　　　　　　B. 490
   C. 500　　　　　　　　　　　　D. 550

83. 若采用后悔值原则计算,使公司获得最大经济效益的车型为( )。
   A. A 型汽车　　　　　　　　　　B. B 型汽车
   C. C 型汽车　　　　　　　　　　D. B 型汽车和 C 型汽车

84. 该公司的这项经营决策属于( )。
   A. 确定型决策　　　　　　　　　B. 不确定型决策
   C. 风险型决策　　　　　　　　　D. 组合型决策

(二)

某计算机软件生产商开发了一种新产品,总投资为500万元,固定成本为200万元,单位可变成本为220元,预计销售量为5万个。产品上市后,该开发商拟从所愿意经销其产品的中间商中挑选几个最合适的中间商来销售其产品,先将其产品供应给零售商,再

71. 关于技术领先战略和技术跟随战略的说法，正确的有(   )。
    A. 技术领先战略以自主研发为主
    B. 技术跟随战略的技术开发重点是工艺技术
    C. 技术领先战略的市场开发重点是开拓新市场
    D. 技术跟随战略的投资重点是技术开发
    E. 技术领先战略的风险大、投资大

72. 技术创新中产学研联盟的主要模式有(   )。
    A. 校内产学研合作模式   B. 双向联合体合作模式
    C. 企业与企业进行联盟   D. 中介协调型合作模式
    E. 政府投资，企业组织人才，进行技术开发，将研发出的先进技术转卖给企业

73. 从研发主体及技术来源看，企业研发常用的模式有(   )。
    A. 自主研发   B. 合作研发
    C. 研发外包   D. 应用研发
    E. 联合研发

74. 绩效考核的功能包括(   )。
    A. 管理功能   B. 激励功能
    C. 监控功能   D. 沟通功能
    E. 保障功能

75. 薪酬对企业的功能体现在(   )。
    A. 增值功能   B. 改善用人活动功效的功能
    C. 促进企业变革和发展的功能   D. 调节功能
    E. 保障功能

76. 在进行企业人力资源需求预测时，应充分考虑的影响因素有(   )。
    A. 企业未来某个时期的生产经营任务及其对人力资源的需求
    B. 企业人力资源需求预测的方法
    C. 企业的财务资源对人力资源需求的约束
    D. 企业生产技术水平的提高和组织管理方式的变革对人力资源需求的影响
    E. 企业提高产品或服务质量或进入新市场的决策对人力资源需求的影响

77. 企业并购重组的客观原因包括(   )。
    A. 谋求更长远的发展   B. 缩短投入产出时间
    C. 获得科技优势   D. 避税和减税
    E. 扩大管理者职权

78. 如果控股股东以其对子公司的股权抵偿对子公司的债务，则会使子公司(   )。
    A. 其他应收款增加   B. 股东权益增加
    C. 资产负债率提高   D. 负债减少
    E. 总股本减少

79. 下列选项中，属于电子商务功能的有(   )。
    A. 广告宣传   B. 电子支付
    C. 交易管理   D. 提高利润
    E. 网上订购

C. 交叉模式 D. 平行模式

41. 某专利权人同意他人在支付一定的价款后,在规定的范围内使用其专利并订立了合同,此合同称为( )。
   A. 专利权转让合同 B. 专利申请权转让合同
   C. 专利实施许可转让合同 D. 技术秘密转让合同

42. 国际技术贸易的主要交易标的不包括( )。
   A. 专利 B. 商标
   C. 工业产权 D. 许可贸易

43. 在听取考核对象个人的述职报告的基础上,由考核对象的上级主管、同事、下级以及与其有工作关系的人员,对其工作绩效做出评价,然后综合分析各方面的意见得出该考核对象的绩效考核结果。这种绩效考核方法是( )。
   A. 民主评议法 B. 关键事件法
   C. 书面鉴定法 D. 比较法

44. 通过绩效考核,管理层可以表达对员工的工作要求和绩效期望,也可以了解员工对管理层和绩效目标的看法、建议以及他们的需求。这体现了绩效考核的( )。
   A. 管理功能 B. 增进绩效功能
   C. 沟通功能 D. 学习和导向功能

45. 某企业对销售主管进行绩效考核,在听取个人述职报告后,由销售部经理、其他业务主管以及销售员对每位销售主管的工作绩效做出评价,然后综合分析各方面意见得出每位销售主管的绩效考核结果。该企业采用的绩效考核方法是( )。
   A. 民主评议法 B. 关键事件法
   C. 评级量表法 D. 行为锚定法

46. 下列绩效考核方法中,为企业设计绩效指标体系提供了以外部导向为基础的全新思路的方法是( )。
   A. 平衡计分卡 B. 标杆超越法
   C. 人员核查法 D. 关键绩效指标法

47. 企业对支付的薪酬总额进行测算和监控,以维持正常的薪酬成本开支,避免给企业带来过重的财务负担,这种薪酬管理属于( )。
   A. 薪酬控制 B. 薪酬调整
   C. 薪酬结构 D. 薪酬水平

48. 某企业设计薪酬制度时,将员工的职位划分为五个级别,按员工所处的职级确定其基本薪酬的水平和数额,该企业采用的薪酬制度设计方法是( )。
   A. 职位分类法 B. 职位等级法
   C. 计点法 D. 因素比较法

49. 下列薪酬形式中,适用于个人激励的是( )。
   A. 特殊绩效认可计划 B. 员工持股制度
   C. 利润分享计划 D. 收益分享计划

50. 由于债务利息等固定性融资成本的存在,使权益资本净利率(或每股收益)的变动率大于息税前盈余率变动率的现象,称为( )。
   A. 财务杠杆 B. 联合杠杆

衡为重点。
A. 介绍期　　　　　　　　　　B. 成长期
C. 成熟期　　　　　　　　　　D. 衰退期

31. 生产企业采购管理最基本的目标是(　　)。
    A. 降低存货投资和存货损失　　B. 确保生产经营的物资需要
    C. 发现和发展有竞争力的供货商　D. 改善企业内部与外部的工作关系

32. 将企业生产物流划分为工厂间物流和工序间物流类型的依据是(　　)。
    A. 生产专业化的程度　　　　　B. 工艺过程的特点
    C. 生产方式　　　　　　　　　D. 物料流经的区域

33. 关于精益生产模式下拉动式企业生产物流管理模式特点的说法,正确的是(　　)。
    A. 在生产物流计划编制和控制上,围绕物料转化组织制造资源
    B. 在生产物流的组织上,以物料为中心,强调严格执行计划,维持一定的在制品库存
    C. 将生产中的一切库存视为"浪费",认为库存掩盖了生产系统中的缺陷
    D. 在管理手段上,大量运用计算机系统

34. 某医院应将采购来的药品以(　　)的方式进行保管。
    A. 散堆　　　　　　　　　　　B. 货架堆放
    C. 成组堆放　　　　　　　　　D. 垛堆

35. 下列措施中,能够降低企业销售物流运输成本的是(　　)。
    A. 减少库存点　　　　　　　　B. 减少装卸次数
    C. 设定最低订货量　　　　　　D. 包装简易化

36. 需求拉动的创新过程模式指明(　　)是技术创新活动的出发点。
    A. 基础研究　　　　　　　　　B. 应用研究
    C. 市场需求信息　　　　　　　D. 技术和需求合成

37. 下列关于A-U过程创新模式的表述,错误的是(　　)。
    A. A-U过程创新模式是从产业层面进行探讨分析的
    B. 在产业成长的前期阶段,产品创新比工艺创新活跃,创新成果更多
    C. 在产业成长的后期阶段,工艺创新较产品创新有更丰富的成果
    D. 不稳定阶段创新的重点是以质量和降低成本为目标的渐进性的工艺创新

38. 企业首先确定一组评价研发项目的关键因素,根据这些因素对不同的研发项目方案进行评价(满意为1,不满意为0),然后根据研发项目方案的得分进行决策。这种技术创新决策的评估方法称为(　　)。
    A. 检查清单法　　　　　　　　B. 轮廓图法
    C. 敏感性分析　　　　　　　　D. 概率分布

39. 风险-收益气泡图中,(　　)项目是企业根据长期技术发展战略对新兴或突破性技术的研究和开发项目,是企业长期竞争优势的源泉。
    A. 珍珠型　　　　　　　　　　B. 牡蛎型
    C. 面包和黄油型　　　　　　　D. 白象型

40. 在企业联盟的组织运行模式中,适用于某一市场机会的产品联合开发及长远战略合作的模式是(　　)。
    A. 联邦模式　　　　　　　　　B. 星形模式

最后冲刺套题(六)

一、单项选择题(共60题,每题1分。每题的备选项中,只有1个最符合题意)

1. 关于企业使命的说法,正确的是( )。
   A. 企业使命等同于企业愿景
   B. 企业使命阐明了企业的根本性质与存在的理由
   C. 企业使命的定位由企业经营哲学的定位和企业形象的定位两部分构成
   D. 企业使命包括核心信仰和未来前景两部分

2. 下列要素中,属于麦肯锡公司提出的"7S"模型中软件要素的是( )。
   A. 战略   B. 制度
   C. 技能   D. 结构

3. 企业在制定未来的发展战略时,可以选择的外部宏观环境分析方法是( )。
   A. 价值链分析法   B. 杜邦分析法
   C. PESTEL 分析法   D. 波士顿矩阵分析法

4. 根据迈克尔·波特教授提出的"五力模型",在行业中普遍存在着五种竞争力量,分别是行业内现有企业间的竞争、潜在进入者的威胁、替代品的威胁、购买者的谈判能力和( )。
   A. 供应者的谈判能力   B. 生产者的谈判能力
   C. 销售者的谈判能力   D. 使用者的谈判能力

5. 某自行车生产企业为提高主打产品在现有市场中的市场占有率,加大营销宣传,采用多种促销手段,发现潜在顾客,提高产品销售额。该企业采取的成长战略是( )。
   A. 市场开发战略   B. 新产品开发战略
   C. 市场渗透战略   D. 成本领先战略

6. 关于企业经营决策的说法,错误的是( )。
   A. 决策者是企业经营决策的主体
   B. 决策目标为决策实施的控制提供了依据
   C. 企业经营决策应当建立在调查研究、综合分析、评价和选择的基础上
   D. 备选方案的选择是企业经营决策的起点

7. 某企业拟生产某种产品,根据预测估计,该产品的市场状态及概率是:畅销为0.3、一般为0.5、滞销为0.2,这三种市场状态下的损益值分别为40万元、30万元和25万元。该产品的期望损益值为( )万元。
   A. 28   B. 32
   C. 36   D. 38

8. 某企业通过年薪制、薪金与奖金相结合和股票期权等形式来激励员工,这种激励属于( )。
   A. 报酬激励   B. 声誉激励

(五)

某企业准备用自有资金3亿元投资一个项目,现在有A、B两个项目可供选择。据预测,未来市场状况存在繁荣、一般、衰退三种可能性,概率分别为0.1、0.6和0.3,两项投资在不同市场状况的预计年报酬率如下表所示。为了做出正确决定,公司需进行风险评价。

市场状况	发生概率	预计年报酬率/%	
		A项目	B项目
繁荣	0.1	22	35
一般	0.6	15	12
衰退	0.3	5	-8

97. A项目的期望报酬率为( )。
    A. 3.7% B. 8.3%
    C. 12.7% D. 13.1%

98. A项目期望报酬率的标准离差为( )。
    A. 25.97% B. 5.44%
    C. 1.9% D. 0%

99. 若该企业选择B项目,其风险报酬系数为8%,无风险报酬率为10%,标准离差率为98%,则B项目的投资必要报酬率为( )。
    A. 17.8% B. 17.84%
    C. 18.16% D. 18.2%

100. 如果A、B两个项目的期望报酬率相同,则标准离差小的项目,其( )。
    A. 风险大 B. 风险小
    C. 报酬离散程度小 D. 报酬离散程度大

A. 商标权 B. 专利权
C. 版权 D. 工业设计
E. 科学发现权

74. 绩效就其范围而言，不包括( )。
A. 企业的绩效 B. 部门的绩效
C. 政府的绩效 D. 员工个人的绩效
E. 企业领导的绩效

75. 某企业决定以职位为导向重新设计基本薪酬，其可采用的方法有( )。
A. 职位等级法 B. 职位分类法
C. 关键绩效指标法 D. 因素比较法
E. 计点法

76. 下列属于绩效工资主要形式的有( )。
A. 月/季度浮动薪酬 B. 绩效调薪
C. 工时制 D. 特殊绩效认可计划
E. 计件制

77. 在进行投资项目的营业现金流量估算时，现金流出量包括( )。
A. 付现成本 B. 所得税
C. 折旧 D. 非付现成本
E. 营业收入

78. N公司将所持资产注入M公司，M公司可用( )作为购买该笔资产的方式。
A. 现金 B. 股权
C. 公益金 D. 库存
E. 资本公积

79. 下列选项中，属于电子商务特点的有( )。
A. 决策迅速化 B. 市场全球化
C. 交易虚拟化 D. 服务个性化
E. 运作高效化

80. 网络市场直接调研的方法有( )。
A. 网上观察法 B. 专题讨论法
C. 在线问卷法 D. 利用网上数据库查找资料
E. 网上实验法

三、案例分析题(共20题，每题2分。由单选和多选组成。错选，本题不得分；少选，所选的每个选项得0.5分)

(一)

某农场通过大规模的并购活动，兼并多家同类型农场，农产品的种植规模和产量得到大幅度提高。高质量的产品和低廉的价格为该农场赢得了市场的肯定，成为国内多家知名食品生产企业的原料供应商。在充分分析行业竞争结构的基础上，该农场决定将业务范围扩大到农产品的深加工领域，进行儿童食品的生产。2020年拟推出一种儿童果汁饮品，目前有生产A、B、C、D四种不同果汁的备选方案可供选择。未来市场状况存在畅销、一般和滞销三种可能，但各种情况发生的概率难以测算。在市场调查的基础上，该

65. 市场营销的微观环境要素包括( )。
    A. 竞争者   B. 顾客
    C. 公众   D. 经济环境
    E. 政治法律环境

66. 从层次的角度看,产品是由( )构成的。
    A. 核心产品   B. 有形产品
    C. 组合产品   D. 品牌产品
    E. 附加产品

67. 渠道扁平化中,顾客需求特征的影响主要体现在( )。
    A. 顾客对商品的个性化要求越来越高
    B. 顾客对商品的质量要求越来越高
    C. 顾客不确定性的增加和承诺的丧失
    D. 消费的"折中主义"
    E. 顾客对商品售后服务的要求越来越高

68. 企业资源计划生产控制模块的主要内容有( )。
    A. 主生产计划   B. 能力需求计划
    C. 生产现场控制   D. 物料需求计划
    E. 电子商务系统

69. 下列属于单一品种大批量型生产物流特征的有( )。
    A. 在生产物流的具体作业环境可以使用各种先进的技术设备,提高劳动生产率
    B. 由于生产的重复程度高、稳定,容易制订相关的物料需求计划,因此对物料很容易控制
    C. 由于产品结构相对稳定,从而物料的消耗定额能准确制定
    D. 容易与供应商建立长期稳定的协作关系,采购物流也很容易控制
    E. 要求全程物流的支持,需建立一个有效的供应链网络

70. 根据库存的目的进行分类,库存包括( )。
    A. 生产加工和运输过程的库存 B. 半成品库存
    C. 季节性库存   D. 安全库存
    E. 经常库存

71. 关于技术创新的说法,正确的有( )。
    A. 技术创新是一种技术行为,不是经济行为
    B. 技术创新是高风险活动
    C. 不同层次的技术创新所需时间因其性质不同而异
    D. 技术创新不具有外部性
    E. 技术创新具有国际化趋势

72. 企业联盟作为企业技术创新外部组织的一种模式,其特点有( )。
    A. 组织的刚性   B. 结构的扁平性
    C. 组织的柔性   D. 联盟的永久性
    E. 连接的虚拟性

73. 世界贸易组织的知识产权协议(TRIPS)列举的知识产权包括( )。

39. 某企业为开发新型产品，从市场部、生产部、研发中心等部门临时抽调5人组建创新组织，这种组织属于(   )。
    A. 内企业   B. 技术创新小组
    C. 新事业发展部   D. 企业技术中心

40. 某企业与大学研究所签订协议开发新型材料，双方分别承担相应的任务，最后对研究成果进行集成，双方共享研究成果，这种研发模式属于(   )。
    A. 自主研发   B. 合作研发
    C. 委托研发   D. 基础研发

41. 某企业拟投资开发一项新技术。经测算，技术开发中的物质消耗为300万元，人力资本消耗为600万元，技术复杂系数为1.5，研发失败的概率为40%，根据成本模型，研发成功后该项目技术的评估价格应为(   )万元。
    A. 950   B. 1 350
    C. 2 250   D. 3 375

42. 法律赋予产业活动中的知识产品所有人对其创造性的智力成果所享有的一种专有权是(   )。
    A. 商业产权   B. 特许经营权
    C. 专有技术   D. 工业产权

43. 下列企业人力资源规划中，将目标定为降低人工成本、维护企业规范和改善人力资源结构的是(   )。
    A. 退休解聘计划   B. 劳动关系计划
    C. 人员使用计划   D. 薪酬激励计划

44. 某企业采用马尔可夫模型法进行人力资源供给预测，现有业务员100人，业务主管10人，销售经理4人，销售总监1人，该企业人员变动矩阵如下：

职务	人员调动概率				离职率
	销售总监	销售经理	业务主管	业务员	
销售总监	0.8				0.2
销售经理	0.1	0.8			0.1
业务主管		0.1	0.7		0.2
业务员			0.1	0.6	0.3

注：表中数据为员工调动概率的年平均百分比。

该企业一年后业务主管内部供给量为(   )人。
    A. 12   B. 17
    C. 60   D. 72

45. 下列绩效考核活动中，不属于绩效考核结果反馈阶段的是(   )。
    A. 分析整理绩效考核结果   B. 指导被考核者制订绩效改进计划
    C. 与被考核者沟通绩效考核结果 D. 指出被考核者在绩效方面的问题

46. 某企业对其职能管理者进行绩效考核时，以书面文字的形式列出考核对象的成绩与不足、潜在能力、改进建议和培养方法等内容。该企业采用的绩效考核方法是(   )。

A. 运输 B. 仓储
C. 装卸搬运 D. 流通加工

30. 企业在生产过程中，要有效控制物料损失，防止人员或设备的意外事故。这体现了企业生产物流管理的(　　)目标。
A. 效率性 B. 经济性
C. 系统性 D. 适应性

31. 做不到按需生产，物流和信息流完全分离的生产模式是(　　)。
A. 单品种大批量生产模式 B. 多品种大批量生产模式
C. 推进式精益生产模式 D. 拉动式精益生产模式

32. 仓储管理可以调节和衔接运量相差很大、运输能力很不匹配的运输工具，这体现了仓储管理的(　　)功能。
A. 价格调节 B. 供需调节
C. 货物运输能力调节 D. 配送与流通加工

33. 下列属于精益生产模式下企业生产物流管理的是(　　)。
A. 推进式和拉动式 B. 作坊式和大批量式
C. 连续式和离散式 D. 工厂间和工序间

34. 将库存分为库存存货、在途库存、委托加工库存和委托代销库存的依据是(　　)。
A. 经济用途 B. 生产过程中的阶段
C. 库存目的 D. 存放地点

35. 产品空间位移(包括静止)过程中所有消耗的货币表现为(　　)。
A. 企业生产物流成本 B. 物流成本率
C. 企业销售物流成本 D. 仓库成本率

36. 某公司通过改进生产流程，提高了生产质量，这种对生产流程的创新属于(　　)。
A. 原始创新 B. 工艺创新
C. 根本性创新 D. 产品创新

37. 根据企业所期望的技术竞争地位，企业技术创新战略可分为(　　)。
A. 模仿创新战略与合作创新战略 B. 技术跟随战略与撤职战略
C. 技术领先战略与技术跟随战略 D. 进攻型战略与游击型战略

38. 某企业采用动态排序列表法，对四个备选项目进行评估。评估结果见下表：

项目	IRR * PTS	NPV * PTS	战略重要性
甲	14(3)	8.6(2)	2(3)
乙	15(2)	7.8(3)	4(1)
丙	13(4)	9.1(1)	1(4)
丁	16(1)	6.5(4)	3(2)

注：IRR为预期内部收益率，PTS为技术成功的概率，NPV为预期收益净现值，括号中的数值为每列指标单独排序的序号。

该企业应该应用(　　)。
A. 项目甲 B. 项目乙
C. 项目丙 D. 项目丁

最后冲刺套题(五)

一、单项选择题(共60题,每题1分。每题的备选项中,只有1个最符合题意)

1. 下列关于企业愿景、使命与战略目标的表述错误的是( )。
   A. 企业愿景回答的是"我是谁"的问题,企业使命回答的是"企业的业务是什么"的问题
   B. 企业愿景只专属于企业高层管理者
   C. 企业愿景是企业对未来前景和发展方向的高度概括
   D. 战略目标是指企业在一定时期内沿其经营方向所预期达到的理想成果

2. 某企业在战略控制过程中,注意掌握控制时机、选择恰当的时间进行战略修正,尽可能避免在不该修正时进行修正或需要纠正时没有及时纠正,这体现了战略控制的( )原则。
   A. 确保目标   B. 适度控制
   C. 适应性   D. 适时控制

3. 利润计划轮盘是罗伯特·西蒙斯提出的一种基于企业战略的业绩评价模式,其构成为利润轮盘、现金轮盘和( )。
   A. 资产轮盘   B. 负债轮盘
   C. 销售利润率轮盘   D. 净资产收益率轮盘

4. 在波士顿矩阵中,瘦狗区的产品特征是( )。
   A. 业务增长率比较低,市场占有率比较高
   B. 业务增长率比较低,市场占有率比较低
   C. 业务增长率比较高,市场占有率比较低
   D. 业务增长率比较高,市场占有率比较高

5. 采用 SWOT 分析法进行战略选择时,重在发挥企业优势,利用市场机会的战略是( )。
   A. SO 战略   B. WO 战略
   C. ST 战略   D. WT 战略

6. 某日化生产企业为了提高牙膏产品在市场中的竞争地位,加大儿童牙膏的投资和研发力度,不断开拓儿童牙膏市场,从企业战略层次分析,该企业的此项战略属于( )。
   A. 企业总体战略   B. 企业业务战略
   C. 企业营销战略   D. 企业职能战略

7. 从环境因素的可控程度看,经营决策可分为( )。
   A. 长期决策和短期决策
   B. 确定型决策、风险型决策和不确定型决策
   C. 总体层决策、业务层决策和职能层决策
   D. 初始决策和追踪决策

8. 有限责任公司的股东以其( )为限,对公司负有限责任。

99. 方案1的综合资本成本率为( )。
    A. 28.8%   B. 9.3%
    C. 9.9%   D. 10.1%
100. 影响该公司筹资决策的因素有( )。
    A. 企业要求的报酬率   B. 个别资本成本率
    C. 各种资本结构   D. 筹资总额

A. 运量大 B. 通过能力大
C. 运费高 D. 对货物的适应性强
E. 运行速度快

80. 关于电子商务的理解，以下说法正确的有( )。
A. 电子商务以商务活动为主体 B. 电子商务以计算机网络为基础
C. 电子商务以电子化方式为手段 D. 电子商务的本质是商务的电子化
E. 促使电子商务产生的主要因素是经济市场化

三、案例分析题(共20题，每题2分。由单选和多选组成。错选，本题不得分；少选，所选的每个选项得0.5分)

(一)

某汽车生产企业通过联合生产形式与外国某世界500强汽车公司建立战略联盟，获得良好的市场效果，为降低企业生产成本，该企业进军汽车配件行业，自主生产和供应汽车配件，同时，为扩大企业利润，该企业建立手机事业部，推出自主品牌的新型手机，通过预测，手机市场存在畅销、一般、滞销三种市场状态，新型手机的生产共有甲、乙、丙、丁四种方案可供选择，每种方案的市场状态及损益值如下表所示(单位：万元)。

市场状态 损益值 方案	畅销	一般	滞销
甲	430	300	50
乙	440	350	-100
丙	500	390	-120
丁	530	380	-220

81. 该企业与世界500强汽车公司建立的战略联盟是( )。
A. 技术开发与研究联盟 B. 产品联盟
C. 营销联盟 D. 产业协调联盟

82. 目前该企业实施的战略是( )。
A. 多元化战略 B. 成本领先战略
C. 前向一体化战略 D. 后向一体化战略

83. 采用折中原则进行决策(乐观系数为0.75)，则该企业应采用的手机生产方案为( )。
A. 甲 B. 乙
C. 丙 D. 丁

84. 若采用后悔值原则进行决策，则企业生产手机应采用的方案为( )。
A. 甲 B. 乙
C. 丙 D. 丁

(二)

某农机生产企业生产单一农机产品，其生产计划部分运用提前期法来确定农机产品在各

A. 间断性、滞后性 　　　　　　　　B. 平行性、交叉性
C. 比例性、协调性 　　　　　　　　D. 均衡性、节奏性
E. 柔性、适应性

70. 企业仓储管理的主要任务有（　　）。
    A. 加速资金周转 　　　　　　　　B. 合理储备材料
    C. 降低物料成本 　　　　　　　　D. 保管仓储物资
    E. 重视员工培训

71. 影响技术领先持久性的主要因素有（　　）。
    A. 技术的可复制性 　　　　　　　B. 技术的复杂程度
    C. 后续开发速率 　　　　　　　　D. 技术的风险性
    E. 技术的稳定性

72. 企业技术创新的内部组织模式有（　　）。
    A. 内企业 　　　　　　　　　　　B. 企业—政府模式
    C. 技术创新小组 　　　　　　　　D. 新事业发展部
    E. 企业联盟

73. 技术创新企业联盟的组织运行模式主要有（　　）。
    A. 事业部模式 　　　　　　　　　B. 星形模式
    C. 直线模式 　　　　　　　　　　D. 平行模式
    E. 联邦模式

74. 绩效作为一种工作结果和工作行为具有的特点包括（　　）。
    A. 多因性 　　　　　　　　　　　B. 多维性
    C. 变动性 　　　　　　　　　　　D. 复杂性
    E. 确定性

75. 常用的绩效考核方法主要有（　　）。
    A. 职位登记法 　　　　　　　　　B. 民主评议法
    C. 书面鉴定法 　　　　　　　　　D. 比较法
    E. 关键事件法

76. 影响企业薪酬管理的内部因素主要有（　　）。
    A. 企业的经营战略 　　　　　　　B. 企业的发展阶段
    C. 企业的财务状况 　　　　　　　D. 员工所处的职位
    E. 劳动力市场的状况

77. 下列模型中，可以用于估算普通股资本成本率的有（　　）。
    A. 现金流折现模型 　　　　　　　B. 股利折现模型
    C. 资本资产定价模型 　　　　　　D. 市场模拟模型
    E. 成本模型

78. 长期股权投资的运营管理风险有（　　）。
    A. 退出风险 　　　　　　　　　　B. 公司治理结构风险
    C. 投资协议风险 　　　　　　　　D. 道德风险
    E. 投资项目的可行性论证风险

79. 国际海洋运输的特点包括（　　）。

C. 平行模式　　　　　　　　　　　　D. 扁平模式

41. 某企业拟向一家科研机构购买一项新的生产技术。经预测，该技术可再使用5年，采用该项新技术后，该企业产品价格比同类产品每件可提高50元，预计5年产品的销量分别为10万件、10万件、8万件、7万件、9万件。根据行业投资收益率，折现率定为10%，复利现值系数见下表。根据效益模型，该技术商品的价格为(　　)万元。

年数	1	2	3	4	5
复利现值系数	0.909	0.826	0.751	0.683	0.621

A. 1 686.4　　　　　　　　　　　　B. 1 406.95
C. 1 273.4　　　　　　　　　　　　D. 1 231.9

42. 世界知识产权组织界定的知识产权不包括(　　)。
A. 关于集成电路布图设计的权利　　　B. 关于科学发现的权利
C. 关于工业品外观设计的权利　　　　D. 关于文学、艺术和科学作品的权利

43. 下列方法中，简便易行且主要适用于短期预测的人力资源需求预测方法是(　　)。
A. 人员核查法　　　　　　　　　　B. 德尔菲法
C. 管理人员接续计划法　　　　　　D. 管理人员判断法

44. 在绩效考核中，贯穿于绩效考核整个周期的活动是(　　)。
A. 选择考核方法　　　　　　　　　B. 绩效沟通
C. 制订考核计划　　　　　　　　　D. 反馈考核结果

45. 员工个人的绩效不是固定不变的，随着时间的推移和主客观条件的变化，绩效也会发生变化。这体现了绩效的(　　)特点。
A. 多因性　　　　　　　　　　　　B. 多维性
C. 变动性　　　　　　　　　　　　D. 灵活性

46. 在人力资源需求预测方法中，根据历史数据，把企业未来的业务活动量转化为人力资源需求的预测方法，称为(　　)。
A. 德尔菲法　　　　　　　　　　　B. 管理人员判断法
C. 一元回归分析法　　　　　　　　D. 转换比率分析法

47. 从心理学角度来说，薪酬是个人和企业之间的一种心理契约，这种契约通过员工对薪酬状况的感知而影响员工的工作行为、工作态度以及各种绩效，这属于薪酬的(　　)。
A. 调节功能　　　　　　　　　　　B. 激励功能
C. 保障功能　　　　　　　　　　　D. 增值功能

48. 某企业设计薪酬制度时，将企业中的职位划分为管理类、技术类、操作类、财务类、营销类等职位类型，然后根据各类职位对企业的重要程度和贡献，确定每一类职位中所有员工的薪酬水平。该企业采用的薪酬制度设计方法是(　　)。
A. 职位分类法　　　　　　　　　　B. 职位等级法
C. 计点法　　　　　　　　　　　　D. 因素比较法

49. 关于国家法定福利和企业自主福利的说法，错误的是(　　)。
A. 国家法定福利具有强制性，任何企业都必须执行
B. 带薪休假属于国家法定福利
C. 企业为员工提供的儿童看护和老人护理属于国家法定福利

32. 为了防止由于不确定因素而准备的缓冲库存称为( )。
   A. 经常库存
   B. 生产加工和运输过程的库存
   C. 季节性库存
   D. 安全库存

33. 下列关于数量折扣下的经济订货批量的表述错误的是( )。
   A. 如果客户购买的货物数量较大,供应商会提供较低的价格,即数量折扣
   B. 数量折扣下,价格的降低通常是连续变化的
   C. 如果有数量折扣就要权衡价格、费用等方面的因素,看是否能使企业真的降低成本
   D. 存在数量折扣的情况下,客户的目标是追求总成本最小的订货量

34. 企业在建立销售物流综合绩效考评体系时,应遵循的基本原则不包括( )。
   A. 整体性原则
   B. 可比性原则
   C. 经济性原则
   D. 完全量化原则

35. 下列指标中,属于反映客户满意程度指标的是( )。
   A. 迅速物流及时率
   B. 准确完成物流率
   C. 经济效率
   D. 客户的投诉率

36. 某公司推出金属外壳手机产品替代现有塑料外壳手机产品,这种创新属于( )。
   A. 原始创新
   B. 集成创新
   C. 产品创新
   D. 工艺创新

37. 20世纪60年代以来,国际上出现了若干种具有代表性的技术创新过程模式,下图表示的是( )创新模式。

   A. 需求拉动
   B. 技术推动
   C. 交互作用
   D. 系统集成与网络

38. 在A-U创新过程模式中,产品创新逐步减少,工艺创新呈现上升趋势并超越产品创新的阶段称为( )。
   A. 成熟阶段
   B. 衰退阶段
   C. 过渡阶段
   D. 不稳定阶段

39. IBM公司从一些著名高校中挑选出有重要价值的科研项目,与高校共同研发,并将此称为"共享的大学研究项目"。这种研发模式称为( )。
   A. 联合开发
   B. 建立联盟
   C. 共建机构
   D. 项目合作

40. 某家电企业联盟以甲乙丙三家企业为核心层,以这三家企业的供应商为外围层,成员企业间的协调和冲突仲裁由核心层企业组成的协调委员会负责,这种企业联盟模式属于( )。
   A. 星形模式
   B. 联邦模式

最后冲刺套题(四)

一、单项选择题(共60题,每题1分。每题的备选项中,只有1个最符合题意)

1. 某化妆品企业为了扩大产品的销量,拟定了新的市场营销战略,积极开展市场营销活动,从企业战略层次分析,该企业的此项战略属于(　　)。
   A. 企业总体战略　　　　　　　　　　B. 企业紧缩战略
   C. 企业稳定战略　　　　　　　　　　D. 企业职能战略

2. 战略制定者向高层领导提交企业战略方案,企业高层领导确定战略后,向管理人员宣布企业战略,然后强制管理人员执行,这种战略实施模式为(　　)模式。
   A. 指挥型　　　　　　　　　　　　　B. 变革型
   C. 文化型　　　　　　　　　　　　　D. 增长型

3. 2008年随着金融危机爆发,全球经济陷入衰退,由于经济放缓,特别是房地产、汽车、家电需求下滑,使得钢铁需求疲软。从宏观环境角度看,这属于(　　)。
   A. 经济环境　　　　　　　　　　　　B. 政治环境
   C. 科技环境　　　　　　　　　　　　D. 社会文化环境

4. 下列企业活动中,属于价值链主体活动的是(　　)。
   A. 生产加工　　　　　　　　　　　　B. 企业基本职能管理
   C. 技术开发　　　　　　　　　　　　D. 采购

5. 当企业研发和营销能力较强,经营的产品市场异质性又比较高时,企业应选择的市场战略为(　　)。
   A. 低成本战略　　　　　　　　　　　B. 集中战略
   C. 差异化战略　　　　　　　　　　　D. 无差异化战略

6. 关于企业经营决策要素的说法中,错误的是(　　)。
   A. 决策者是企业经营决策的主体
   B. 确定决策目标是企业经营决策的起点
   C. 企业经营决策效果受决策条件的影响
   D. 决策结果是指决策者最终选定的备选方案

7. 甲企业为了进入国际市场,采用特许经营的形式与目标市场国家的乙企业订立了长期的无形资产转让合同,甲企业采取的国际市场进入模式是(　　)。
   A. 直接出口模式　　　　　　　　　　B. 契约进入模式
   C. 投资进入模式　　　　　　　　　　D. 间接出口模式

8. 科学的经营者选择方式应该是(　　)。
   A. 市场招聘　　　　　　　　　　　　B. 内部选拔
   C. 上一级管理人员任命　　　　　　　D. 市场招聘和内部选拔并举

9. 根据我国公司法,关于发起人股东的说法,错误的是(　　)。
   A. 股份公司的发起人必须一半以上在中国有住所

  C. 1.5   D. 2.0

98. 根据初步筹资安排，3亿元筹资的综合资本成本率为(　　)。

  A. 7.55%   B. 8.63%

  C. 9.67%   D. 11.00%

99. 资本成本理论及杠杆理论综合起来研究的目的是(　　)。

  A. 优化资本结构   B. 获取营业杠杆利益

  C. 规避经营风险   D. 降低代理成本

100. 如果公司提高银行贷款在筹资总额中的比重，则(　　)。

  A. 公司综合资本成本率会降低

  B. 公司综合资本成本率会提高

  C. 公司资产负债率会提高

  D. 公司资产负债率会降低

E. 股票期权和持有股票的共同点是都可以激励持有者的长期化行为

77. 根据股利折现模型，影响普通股资本成本率的因素有（　　）。
    A. 股票发行价格
    B. 股票发行费用
    C. 股利水平
    D. 普通股股数
    E. 企业所得税收

78. 使用收益法对企业价值进行评估的具体方法有（　　）。
    A. 每股利润分析法
    B. 现金流量折现法
    C. 股利折现法
    D. 净现值法
    E. 目标成本法

79. 下列选项中，属于电子商务引发的企业管理思想变化的有（　　）。
    A. 全球化观念
    B. 快速化观念
    C. 标准化观念
    D. 注重人才观念
    E. 轻量化观念

80. 网络营销的特点有（　　）。
    A. 跨时域性
    B. 个性化
    C. 技术性
    D. 超前性
    E. 高投入性

三、**案例分析题**(共20题，每题2分。由单选和多选组成。错选，本题不得分；少选，所选的每个选项得0.5分)

(一)

某手机公司随着业务范围的不断扩大，不仅在手机行业站稳了脚跟，而且通过兼并、联合等形式，使业务进入了计算机、网络、软件等领域，但仍以手机行业业绩突出，并不断针对不同类型人群，推出具有独特功能和款式的新型手机。今年该公司拟推出一款新功能手机，备选样式有A、B、C三种，未来市场状况存在畅销、一般和滞销三种可能，但各种情况发生的概率难以测算。在市场调查的基础上，公司对这三种样式手机的损益状况进行了预测，在不同市场状态下的损益值如下表所示(单位：万元)：

某公司 A、B、C 三种样式手机经营损益表

市场状态 损益值 方案	畅销	一般	滞销
A 型	50	40	10
B 型	70	50	0
C 型	80	60	-10

81. 该公司所实施的经营战略是（　　）。
    A. 差异化战略
    B. 非相关多元化战略
    C. 成本领先战略
    D. 相关多元化战略

82. 若因某件重大事故的出现，导致该公司必须采取紧缩战略，其可以采用的战略类型有（　　）。
    A. 转向战略
    B. 放弃战略

E. 机会成本

69. 企业生产物流管理的目标有(　　)。
   A. 效率性目标
   B. 经济性目标
   C. 适应性目标
   D. 组织性目标
   E. 准时性目标

70. 按照物料在生产工艺过程中的流动特点,企业生产物流可分为(　　)。
   A. 大量生产物流
   B. 单件生产物流
   C. 成批生产物流
   D. 连续型生产物流
   E. 离散型生产物流

71. 某企业需要对项目组合进行综合分析和权衡,该企业可采用的方法有(　　)。
   A. 矩阵法
   B. 轮廓图法
   C. 检查清单法
   D. 动态排序列表法
   E. 项目地图法

72. 关于企业联盟的说法,正确的有(　　)。
   A. 星形模式的企业联盟由盟主负责协调和冲突仲裁
   B. 平行模式的企业联盟适用于垂直供应链型企业
   C. 平行模式的企业联盟采用自发性协调机制
   D. 联邦模式的企业联盟核心团队由具有核心能力的企业联合组成
   E. 联邦模式的企业联盟成员地位平等、独立

73. 技术贸易的主要特点包括(　　)。
   A. 技术买卖的标的是有形的商品
   B. 技术买卖的标的是无形的技术知识
   C. 技术出售不是企业的直接目的
   D. 技术贸易比一般商品贸易复杂
   E. 技术贸易转让的是技术的所有权

74. 企业人力资源规划中劳动关系计划的目标主要有(　　)。
   A. 降低非期望离职率
   B. 改善劳动关系
   C. 减少投诉和争议
   D. 改善企业文化
   E. 明确员工培训数量及类别

75. 以关键绩效指标法进行绩效考核时,建立企业关键绩效指标(KPI)体系的方法有(　　)。
   A. 依据部门承担责任的不同
   B. 依据职类职种工作性质的不同
   C. 依据组织结构
   D. 依据员工素质和能力
   E. 依据平衡计分卡

76. 下列关于员工持股制度的表述正确的有(　　)。
   A. 员工持股制度是一种企业向内部员工提供公司股票所有权的制度,是利润分享的重要形式
   B. 员工所持有的股份都是企业无偿分配的
   C. 员工持股制度是将年终分享利润以股票的形式发放给员工
   D. 股票期权是员工持股制度的一种重要表现形式

39. 企业应用矩阵法进行项目组合评估时，对处于技术组合分析图中第Ⅲ象限的项目，企业应采取的策略是( )。
   A. 投资、与竞争对手竞争或者放弃投资　　B. 坐收渔人之利，不需要重点投资
   C. 重点投资　　D. 撤出，并终止进一步技术投资

40. 企业联盟的主要形式是( )。
   A. 资金联盟　　B. 技术联盟
   C. 产品联盟　　D. 价格联盟

41. 一方当事人(受托方)为另一方当事人(委托方)就特定技术项目提供可行性论证时订立的合同属于( )。
   A. 技术咨询合同　　B. 技术转让合同
   C. 技术开发合同　　D. 技术服务合同

42. 在企业知识产权保护策略中，以取得技术排他权为目标，企业应优先选择( )。
   A.《技术秘密保护》　　B.《著作权法》
   C.《合同法》　　D.《专利法》

43. 下列人力资源预测方法中，由适当数量的有经验的专家依赖自己的知识、经验和分析判断能力，对企业的人力资源需求进行判断与预测的方法是( )。
   A. 人员核查法　　B. 德尔菲法
   C. 转换比率分析法　　D. 一元回归分析法

44. 绩效考核实施阶段的主要任务有绩效沟通和( )。
   A. 绩效考核评价　　B. 绩效考核结果反馈
   C. 绩效考核结果运用　　D. 绩效考核比对

45. 某公司采用固定股利政策，每年每股分派现金股利 2 元，普通股每股融资净额 20 元，企业所得税率为 25%，则该公司的普通股资本成本率为( )。
   A. 7.5%　　B. 8.5%
   C. 10%　　D. 12.5%

46. 在绩效考核时，以企业战略为导向，从顾客角度、内部流程角度、学习与成长角度、财务角度建立与关键成功因素有密切联系的绩效指标体系，基于这种做法的绩效考核方法是( )。
   A. 平衡计分卡　　B. 目标管理法
   C. 标杆超越法　　D. 关键绩效指标法

47. 下列不属于影响企业薪酬管理外部因素的是( )。
   A. 物价水平　　B. 劳动力市场的状况
   C. 其他企业的薪酬状况　　D. 员工的工作年限

48. 某企业第二薪酬等级的薪酬区间中值为 4 000 元，薪酬浮动率为 15%，则该薪酬区间的最低值为( )元。
   A. 600　　B. 3 400
   C. 4 000　　D. 4 600

49. 下列基本薪酬设计的方法中，需要找出各类职位共同的"付酬因素"，但舍弃了代表职位相对价值的抽象分数，而直接用相应的具体薪金值来表示各职务价值的是( )。
   A. 计点法　　B. 职位分类法

29. 根据我国国家标准《物流术语》，关于物流的说法，错误的是(　　)。
    A. 物流是一个物品的虚拟流动过程　　B. 物流在流通过程中创造价值
    C. 满足顾客及社会性需求　　D. 物流的本质是服务

30. 关于企业采购管理的说法，正确的是(　　)。
    A. 企业采购管理不包含设备维护等服务的采购
    B. 企业采购管理是将物料转换为产成品的过程
    C. 企业采购管理的基本作用是将资源从供应商转移到企业
    D. 企业采购管理不属于企业经济活动

31. 生产过程的各个工艺阶段之间、各工序之间在生产能力上要保持一定的比例以适应产品制造的要求，这体现了企业生产物流基本特征的(　　)。
    A. 比例性、协调性　　B. 连续性、流畅性
    C. 平行性、交叉性　　D. 均衡性、节奏性

32. 关于单一品种大批量型生产物流特征的说法，错误的是(　　)。
    A. 生产过程对物料容易控制
    B. 生产过程中采购物流容易控制
    C. 生产过程中只能粗略估计物料消耗的定额
    D. 生产重复程度高，容易制订相关的物料需求计划

33. 企业在生产过程中，要为产品提供畅通的物料流转渠道，保证生产物流的连续性和高效率，这体现了企业生产物流管理目标的(　　)。
    A. 效率性　　B. 经济性
    C. 计划性　　D. 适应性

34. 关于企业库存与库存管理的说法，错误的是(　　)。
    A. 企业库存管理应采取适当措施节约管理费用
    B. 在途库存是指在运输途中的库存
    C. 库存是指存储作为今后按预定目的使用而处于生产状态的物品
    D. 企业库存管理有利于企业的资金周转

35. 能够实现产品从生产地到用户的时间和空间转移的企业物流活动是(　　)。
    A. 加工包装　　B. 生产物流
    C. 仓储管理　　D. 销售物流

36. 在A-U过程创新模式中，产品创新和工艺创新都呈现上升趋势，但产品创新明显强于工艺创新的阶段称为(　　)。
    A. 过渡阶段　　B. 提高阶段
    C. 不稳定阶段　　D. 稳定阶段

37. 2006年我国颁布的《国家中长期科学和技术发展规划纲要》明确提出，国家创新体系的主导是(　　)。
    A. 政府　　B. 企业
    C. 市场　　D. 社会

38. 下列属于技术创新决策评估方法中的定量评估方法的是(　　)。
    A. 评分法　　B. 动态排序列表
    C. 轮廓图法　　D. 敏感性分析

最后冲刺套题(三)

一、单项选择题(共60题,每题1分。每题的备选项中,只有1个最符合题意)

1. 关于企业战略管理的说法,错误的是( )。
   A. 企业战略管理的基本任务是实现特定阶段的战略目标
   B. 企业战略管理的最高任务是实现企业使命
   C. 企业战略管理的主体是企业全体员工
   D. 企业战略管理是一个动态过程

2. 适合大批大量生产类型企业的生产作业计划编制方法是( )。
   A. 在制品定额法
   B. 累计编号法
   C. 生产周期法
   D. 准时生产法

3. 从行业生命周期各阶段的特点来看,行业的产品逐渐完善,规模不断扩大,市场迅速扩张,行业内企业的销售额和利润迅速增长,则该行业处于( )。
   A. 形成期
   B. 成长期
   C. 成熟期
   D. 衰退期

4. 某玩具制造商拟针对3岁以下的幼儿设计"幼童速成学习法"玩具系列等在内的战略方案,以增加其业务的竞争优势。该玩具制造商上述业务层战略属于( )。
   A. 集中战略
   B. 多元化战略
   C. 差异化战略
   D. 一体化战略

5. 为了提高原材料质量和降低原材料采购成本,某中药厂生产企业投资开发了一个属于自己的中药材种植基地。这种战略属于( )。
   A. 前向一体化战略
   B. 后向一体化战略
   C. 非相关多元化战略
   D. 集中战略

6. 下列不属于钻石模型四要素的是( )。
   A. 生产要素
   B. 相关支撑产业
   C. 企业战略、产业结构和同行竞争
   D. 供给条件

7. 某企业开发新产品,有四种设计方案可供选择,四种方案在不同市场状态下的损益值参见下表,采用乐观原则判断,该企业应选择( )。

某新产品各方案损益值表   单位:万元

市场状态 损益值 方案	畅销	一般	滞销
Ⅰ	50	40	20
Ⅱ	60	50	10
Ⅲ	70	60	0
Ⅳ	90	80	−20

97. 该项目投资回收期是( )年。
    A. 2
    B. 3
    C. 4
    D. 5

98. 该项目的净现值为( )万元。
    A. 184.50
    B. 208.30
    C. 254.30
    D. 700.00

99. 该公司运用净现值法进行投资项目决策,其优点是( )。
    A. 考虑了资金的时间价值
    B. 有利于对初始投资额不同的投资方案进行比较
    C. 能够反映投资方案的真实报酬率
    D. 能够反映投资方案的净收益

100. 投资回收期只能作为投资决策的辅助指标,其缺点是( )。
    A. 该指标没有考虑资金的时间价值
    B. 该指标没有考虑收回初始投资所需时间
    C. 该指标没有考虑回收期满后的现金流量状况
    D. 该指标计算繁杂

D. 本企业各薪酬等级之间的价值差异
E. 本企业各薪酬等级的重叠比率

77. 下列投资决策评价指标中,属于贴现现金流量指标的有(   )。
   A. 投资回收期   B. 平均报酬率
   C. 内部报酬率   D. 获利指数
   E. 净现值

78. 企业通过重组实施加速扩张战略,可采用的方式有(   )。
   A. 收购   B. 吸收合并
   C. 标准分立   D. 以股抵债
   E. 持股分立

79. 电子商务交易活动的达成必然需要(   )在时空上的协作,缺一不可。
   A. 商流   B. 物流
   C. 资金流   D. 时间流
   E. 信息流

80. 在集装箱运输中,常见的交接地点可以形象地概括为(   )。
   A. 门   B. 场
   C. 站   D. 船
   E. 点

三、案例分析题(共20题,每题2分。由单选和多选组成。错选,本题不得分;少选,所选的每个选项得0.5分)

(一)

某空调生产企业通过行业分析发现,空调市场已经趋于饱和,销售额难以增长,行业内部竞争异常激烈,中小企业不断退出,行业由分散走向集中。该企业一方面加强内部成本控制,以低成本获得竞争优势;另一方面,该企业积极研发新型产品,独家推出具有高效节能的空调,受到消费者的青睐。与此同时,为了扩大企业利润,该企业积极进军手机行业,推出自主品牌的手机产品。新型手机产品方案共有甲产品、乙产品、丙产品和丁产品四种可供选择。每种产品方案均存在着畅销、一般、滞销三种市场状态,三种市场状态发生的概率无法预测。每种方案的市场状态及损益值如下表所示(单位:万元):

市场状态 损益值 方案	畅销	一般	滞销
甲产品	450	300	-200
乙产品	400	250	-270
丙产品	510	400	-150
丁产品	500	350	80

81. 根据该企业的行业分析,空调行业目前处于行业生命周期的(   )。
   A. 形成期   B. 成长期
   C. 成熟期   D. 衰退期

69. 下列属于企业采购功能的有(   )。
    A. 生产成本控制功能　　　　　　　B. 生产供应控制功能
    C. 产品质量控制功能　　　　　　　D. 调节供给需求功能
    E. 促进产品开发功能

70. 下列属于多品种大批量生产物流特征的有(   )。
    A. 一般采用混流生产
    B. 物料被加工成基型产品的重复度高，因而这部分物料的需求很容易计划与控制
    C. 要满足个性化定制要求
    D. 在物流配送环节，对供应链系统的敏捷性和协调性要求很高
    E. 要求全程物流的支持，需建立一个有效的供应链网络

71. 技术创新决策的定性评估方法中，评分法的特点有(   )。
    A. 确定项目的评价标准或因素比较灵活，可以根据项目的实际情况而确定
    B. 权重的确定比较容易和灵活
    C. 便于对项目进行排序比较
    D. 既可以考虑财务指标，又可以包括非财务因素
    E. 能提供和比较不同结果出现的可能性

72. 下列关于领先战略与跟随战略的表述，正确的有(   )。
    A. 领先战略的技术来源以自主研发为主
    B. 跟随战略的技术来源以模仿、引进为主，其核心技术一般不是自行开发的
    C. 领先战略技术开发的重点主要是对产品基本原理、功能的开发，因此开发重心处于技术链的前端
    D. 领先战略要在大市场中开发细分市场或挤占他人市场
    E. 跟随战略的投资重点偏向于生产、销售环节，研究开发环节相对来说较少

73. 知识产权的法律法规主要有(   )。
    A. 反不正当竞争法　　　　　　　B. 商标法
    C. 著作权法　　　　　　　　　　D. 合同法
    E. 统计法

74. 企业可以采用的人力资源需求预测方法有(   )。
    A. 管理人员判断法　　　　　　　B. 转换比率分析法
    C. 管理人员接续计划法　　　　　D. 马尔可夫模型法
    E. 人员核查法

75. 绩效考核是对客观行为及其结果的主观评价，容易出现误差，导致误差的原因有(   )。
    A. 晕轮效应　　　　　　　　　　B. 从众心理
    C. 偏见效应　　　　　　　　　　D. 鲶鱼效应
    E. 近期效应

76. 企业确定薪酬浮动率时要考虑的因素主要有(   )。
    A. 本企业的薪酬支付能力
    B. 同一行业其他企业同种职位的薪酬标准
    C. 本企业各薪酬等级自身的价值

C. 专利实施许可转让合同 D. 专利权许可经营合同

42. 不同国家的企业、经济组织或个人之间,按照一般商业条件,向对方出售或从对方购买软件技术使用权的一种国际贸易行为称为( )。
    A. 国际技术转让 B. 国际技术转移
    C. 国际技术贸易 D. 国际技术引进

43. 企业的人力资源规划分为总体规划和具体计划的依据是( )。
    A. 规划的性质 B. 规划的人员
    C. 规划的时间 D. 规划的方法

44. 某企业通过统计分析发现,本企业的销售额与所需销售人员数成正相关关系,并根据过去10年的统计资料建立了一元线性回归预测模型 $y=a+bx$,x 代表销售额(单位:万元),y 代表销售人员数(单位:人),回归系数 $a=15$,$b=0.04$。同时该企业预计今年销售额将达到1 000万元,则该企业今年需要销售人员( )人。
    A. 15 B. 40
    C. 55 D. 68

45. 某企业某部门运用一一对比法对所属的4名员工进行绩效考核,考核情况如下表所示。

比较对象＼考核对象	张××	王××	李××	赵××
张××	0	−	−	+
王××	+	0	−	+
李××	+	+	0	+
赵××	−	−	−	0

由此可知,绩效最差的员工是( )。
    A. 张×× B. 王××
    C. 李×× D. 赵××

46. 下列方法中,( )是一种粗略的、简便易行的人力资源需求预测方法,主要适用于短期预测。
    A. 德尔菲法 B. 管理人员判断法
    C. 一元回归分析法 D. 转换比率分析法

47. 企业向员工提供的薪酬应该与员工对企业的贡献相匹配,这体现了薪酬制度设计的( )。
    A. 公平原则 B. 合法原则
    C. 激励原则 D. 量力而行原则

48. 企业制定薪酬制度的过程中,当职位评价完成后,紧接着应进行( )。
    A. 确定薪酬策略 B. 建立健全配套制度
    C. 等级划分 D. 工作分析

49. 在以职位为导向的薪酬设计方法中,操作较为复杂,在进行"付酬因素"等级划分和指派分数时需聘请人力资源管理专家帮助,所以成本较高。这种方法是( )。
    A. 职位分类法 B. 职位等级法
    C. 计点法 D. 因素比较法

A. 生产重复程度极高 B. 生产过程组织一般采用混流生产
C. 物料的消耗定额可以准确制定 D. 外部物流的协调比较容易

32. 库存按其经济用途可以分为( )。
   A. 商品库存、制造业库存和其他库存
   B. 原材料库存、零部件库存、半成品库存和成品库存
   C. 经常库存、安全库存、生产加工和运输过程的库存和季节性库存
   D. 库存存货、在途库存、委托加工库存和委托代销库存

33. 企业销售物流的( )可视为生产物流系统的终点，销售物流系统的起点。
   A. 运输 B. 包装
   C. 储存 D. 配送

34. 下列不属于企业销售物流组织内容的是( )。
   A. 产成品包装 B. 流通加工
   C. 产成品储存 D. 订单管理

35. 在企业销售物流的效率评价指标中，经济效率指的是( )的比值。
   A. 销售物流实现利税与销售物流占用资金
   B. 迅速及时完成销售物流量与销售物流总完成量
   C. 耗损量与销售物流总完成量
   D. 准确无误完成销售物流量与销售物流总完成量

36. 企业家抓住市场潜在盈利机会，以获取经济利益为目的，重组生产条件和要素，不断研制推出新产品、新工艺、新技术，以获得市场认同的一个综合性过程称为( )。
   A. 产品创新 B. 工艺创新
   C. 技术创新 D. 制度创新

37. 党的十九大报告指出技术创新体系的导向是( )。
   A. 政府 B. 市场
   C. 企业 D. 社会

38. 企业联盟有若干种组织运行模式，垂直供应链型企业宜采用的组织运行模式是( )。
   A. 星形模式 B. 链形模式
   C. 平行模式 D. 联邦模式

39. 在技术创新中，内企业家区别于企业家的根本之处是( )。
   A. 内企业家可自主决策
   B. 内企业家活动局限在企业内部，受多种因素制约
   C. 内企业家不需征得所在企业的认同和许可
   D. 内企业家可选择自己认为有价值的机会

40. 微软公司在浙江大学建立了"微软—浙大视觉感知实验室"，这种浙江大学出平台、提供人员，微软公司提供资金的模式称为( )。
   A. 联合开发 B. 建立联盟
   C. 共建机构 D. 项目合作

41. 2019 年，甲企业获得一项专利，乙企业与甲企业合同约定，以 500 万元的价格购买该项专利。所有权属乙企业所有，双方签订的合同属于( )。
   A. 专利权转让合同 B. 专利申请权转让合同

最后冲刺套题(二)

一、**单项选择题**(共60题,每题1分。每题的备选项中,只有1个最符合题意)

1. 关于企业战略管理者,下列表述错误的是( )。
   A. 高层战略管理者管理的重点是确立企业的核心价值观,制定和实施企业的使命、目标、政策和策略
   B. 中层战略管理者管理的重点是制定和实施企业总体战略下的相关业务战略
   C. 基层战略管理者管理的重点是使各职能部门的功能协调配合,确保企业总体战略、企业业务战略的具体落实
   D. 企业战略的实施和控制是企业高层、中层战略管理者的主要职责

2. 企业战略实施流程的第一步是( )。
   A. 战略方案分解与实施 B. 战略变化分析
   C. 组织结构调整 D. 战略实施的考核与激励

3. 目前越来越多的消费者通过互联网购买产品,这促使企业在制定市场营销战略时应注重( )的变化。
   A. 技术环境 B. 经济环境
   C. 政治环境 D. 人口环境

4. 某家电企业不断实施现代化管理方法,着手进行业务流程再造,在经营管理方面打造了企业特有的核心竞争力。这种核心竞争力是( )。
   A. 关系竞争力 B. 资源竞争力
   C. 区位竞争力 D. 能力竞争力

5. 某家电生产企业围绕家电市场,生产电视机、洗衣机、电冰箱、空调等系列家电产品。该企业采取的是( )。
   A. 水平多元化 B. 垂直多元化
   C. 同心型多元化 D. 非相关多元化

6. 某汽车生产企业在较长时间的快速发展后,降低企业发展速度,重新调整企业内部各要素,优化配置现有资源,实施管理整合,该企业采取的稳定战略是( )。
   A. 无变化战略 B. 维持利润战略
   C. 暂停战略 D. 谨慎实施战略

7. 某企业生产某产品的固定成本为45万元,单位可变成本为15元,产品单位售价为20元,其盈亏平衡点的产量为( )件。
   A. 12 857 B. 22 500
   C. 30 000 D. 90 000

8. 原始所有权与法人产权的客体是同一财产,反映的却是不同的( )。
   A. 经济利益关系 B. 经济责任关系
   C. 经济权利关系 D. 经济法律关系

B. 当公司每股收益减少时,息税前盈余会以更大的幅度减少
C. 当公司产销量减少时,息税前盈余会以更大的幅度减少
D. 公司财务风险提高

99. 该公司预计新增贷款的资本成本率为( )。
    A. 11.26% B. 15.02%
    C. 18.75% D. 19.98%

100. 若该公司的营业杠杆系数为1.2,则该公司的总杠杆系数为( )。
    A. 1.34 B. 1.37
    C. 1.68 D. 2.34

B. 福利具有税收方面的优惠，可以使员工得到更多的实际收入
C. 在提高员工工作绩效方面的效果比直接薪酬明显
D. 福利具有典型的保健性质，可以减少员工的不满意
E. 企业来集体购买某种福利产品，具有规模效应，可以为员工节省一定的支出

77. 估算投资项目的初始现金流量对应计算的数据有( )。
    A. 固定资产投资额　　　　　　　　B. 流动资产投资额
    C. 折旧　　　　　　　　　　　　　D. 非付现成本
    E. 营业收入

78. 按并购的实现方式划分，企业并购分为( )。
    A. 杠杆并购　　　　　　　　　　　B. 协议并购
    C. 要约并购　　　　　　　　　　　D. 非杠杆并购
    E. 二级市场并购

79. 网络营销中产品和服务的定价要考虑的因素有( )。
    A. 国际化　　　　　　　　　　　　B. 趋低化
    C. 弹性化　　　　　　　　　　　　D. 个性化
    E. 价格解释体系

80. 与传统支付方式相比，电子支付的优势主要包括( )。
    A. 风险　　　　　　　　　　　　　B. 方便
    C. 快捷　　　　　　　　　　　　　D. 高效
    E. 经济

三、**案例分析题**(共20题，每题2分。由单选和多选组成。错选，本题不得分；少选，所选的每个选项得0.5分)

(一)

国内某知名电视生产企业采用SWOT分析法，分析企业面临的内外部环境，并进行战略选择。该企业不断收购中小电视生产企业，扩大企业生产规模；加强内部成本控制，降低产品价格，成为行业中的成本领先者。同时，该企业针对儿童观看电视的需求，独家推出保护视力的防眩光、不闪式液晶电视，获得了市场的认可和顾客的青睐。该企业拟推出一款新型平板电视，共有甲产品、乙产品、丙产品和丁产品四种产品方案可供选择。每种产品方案均存在着畅销、一般、滞销三种市场状态，三种市场状态发生的概率无法预测。每种方案的市场状态及损益值如下表所示(单位：万元)。

市场状态 损益值 方案	畅销	一般	滞销
甲产品	640	350	-250
乙产品	680	460	-350
丙产品	550	300	-200
丁产品	700	440	-400

C. 财务系统　　　　　　　　　　D. 客户关系管理系统
E. 电子商务系统

69. 企业物流信息系统可以划分为(　　)。
    A. 采购层　　　　　　　　　　B. 管理层
    C. 控制层　　　　　　　　　　D. 作业层
    E. 仓储层

70. 下列属于推进式模式下企业生产物流管理特点的有(　　)。
    A. 在管理手段上，大量运用计算机系统
    B. 在生产物流的组织上，以物料为中心
    C. 强调物流平衡，追求零库存
    D. 在生产物流计划编制和控制上，围绕物料转化组织制造资源
    E. 以最终用户的需求为生产起点

71. 下列关于技术推动、需求拉动和交互作用创新模式特点的表述正确的有(　　)。
    A. 技术推动模式的创新周期长，交互作用模式的创新周期短
    B. 需求拉动模式的研发组织是业务开发单元，交互作用模式的研发组织是研发项目
    C. 技术推动模式的创新难度较小，需求拉动模式的创新难度大
    D. 技术推动模式的创新成果应用难，需求拉动模式的创新成果易于应用
    E. 需求拉动模式的投资侧重点是使技术变革带来经济效益，交互作用模式的投资侧重点是会计和金融问题

72. 用矩阵分析技术组合时采用的维度包括(　　)。
    A. 技术先进性　　　　　　　　B. 技术重要性
    C. 技术复杂性　　　　　　　　D. 技术相对竞争地位
    E. 技术兼容性

73. 关于技术贸易的主要特点，表述正确的有(　　)。
    A. 技术买卖的标的可以是有形的商品，也可以是无形的技术知识
    B. 技术贸易比一般商品贸易复杂
    C. 技术贸易转让的是技术的所有权
    D. 技术出售不是企业的直接目的
    E. 只有当企业认为出售技术会比利用这种技术生产产品带来的利润更大时，才会出售这种技术

74. 下列人力资源信息中，属于内部环境信息的有(　　)。
    A. 员工使用情况　　　　　　　B. 企业发展战略
    C. 技术发展趋势　　　　　　　D. 员工数量和构成
    E. 劳动力市场供应状况

75. 企业对员工绩效考核的项目主要包括(　　)。
    A. 工作目标　　　　　　　　　B. 工作业绩
    C. 工作职能　　　　　　　　　D. 工作能力
    E. 工作态度

76. 与直接薪酬相比，福利具有的自身独特优势包括(　　)。
    A. 形式灵活多样，可以满足员工不同的需要

B. 牡蛎型项目具有较高的成功概率，但潜在收益较低

C. 白象型项目具有较高的预期收益，但成功概率较低

D. 面包和黄油型项目成功概率低，但预期收益高

40. 为了获得某一具体领域的新知识而进行的创造性研究活动称为(　　)。
   A. 基础研究　　　　　　　　　　　B. 纯理论研究
   C. 应用研究　　　　　　　　　　　D. 开发研究

41. 某企业拟购买一项新技术。经调查，两年前类似技术的交易转让价格为20万元。经专家鉴定，该项新技术的效果比两年前类似交易技术提高15%，技术交易市场的价格水平比两年前提高10%，技术寿命修正系数为1.2。根据市场模拟模型，该企业购买该项新技术的评估价格为(　　)万元。
   A. 21.08　　　　　　　　　　　　B. 22.96
   C. 25.09　　　　　　　　　　　　D. 30.36

42. 我国商标法规定，注册商标的有效期为(　　)年。
   A. 15　　　　　　　　　　　　　　B. 20
   C. 8　　　　　　　　　　　　　　 D. 10

43. 下列企业人力资源计划类型中，将目标定为改善员工知识技能和工作作风的是(　　)。
   A. 人员补充计划　　　　　　　　　B. 人员使用计划
   C. 劳动关系计划　　　　　　　　　D. 人员培训开发计划

44. 某企业现有业务主管25人，预计明年将有2人提升为部门经理，退休2人，辞职2人。此外，该企业明年将从外部招聘5名业务主管，从业务员中提升2人为业务主管。采用管理人员接续计划法预测该企业明年业务主管的供给量为(　　)人。
   A. 10　　　　　　　　　　　　　　B. 13
   C. 26　　　　　　　　　　　　　　D. 20

45. 下列绩效考核工作中，不属于绩效考核技术准备工作的是(　　)。
   A. 选择考核者　　　　　　　　　　B. 明确考核标准
   C. 进行绩效沟通　　　　　　　　　D. 确定考核方法

46. 绩效考核方法中，常用于对企业中初、中级专业技术人员和职能管理人员绩效考核的是(　　)。
   A. 量表法　　　　　　　　　　　　B. 比较法
   C. 民主评议法　　　　　　　　　　D. 书面鉴定法

47. 绩效考核比较法中，最常用的形式不包括(　　)。
   A. 直接排序法　　　　　　　　　　B. 交替排序法
   C. 一一对比法　　　　　　　　　　D. 插入对比法

48. 在进行薪酬设计时，强调同一企业中不同职务之间的薪酬水平应该相互协调，这体现了薪酬制度设计的(　　)原则。
   A. 量力而行　　　　　　　　　　　B. 个人公平
   C. 内部公平　　　　　　　　　　　D. 外部公平

49. 下列薪酬制度的设计方法中，比较适用于工作在生产和业务一线员工的基本薪酬的确定的是(　　)。
   A. 以知识为基础的基本薪酬制度设计方法

A. 推动式 B. 拉动式
C. 反馈式 D. 自由式

29. 根据( )的不同,企业物流可分为企业自营物流、专业子公司物流和第三方物流。
A. 企业性质 B. 物流活动主体
C. 运输方式 D. 空间范围

30. 控制采购的原材料及零部件的采购价格是企业生产过程中的重要环节。这说明企业采购具有( )功能。
A. 生产成本控制 B. 生产调度控制
C. 生产质量控制 D. 促进新产品开发

31. 将企业生产物流划分为大量生产、单件生产和成批生产三种类型的依据是( )。
A. 生产专业化的程度 B. 工艺过程的特点
C. 生产方式 D. 物料流经的区域

32. 以最终用户的需求为生产起点,强调物流平衡,追求零库存,可以真正做到"按需生产"的生产模式是( )。
A. 单一品种大批量生产模式 B. 多品种大批量生产模式
C. 作坊式手工生产模式 D. 拉动式精益生产模式

33. 大量无包装散粮的最佳库存方式是( )。
A. 货架堆放 B. 散堆
C. 成组堆放 D. 垛堆

34. 某塑料制品企业一种原材料的年需求量为120 000吨,单价为1万元/吨,单次订货费用为4万元,每吨年保管费率为6%,则该种原材料的经济订货批量为( )吨。
A. 2 000 B. 3 000
C. 4 000 D. 5 000

35. 以产品离开生产线进入流通领域为起点,以送达用户并提供售后服务为终点的物流活动是( )。
A. 企业生产物流 B. 企业供应物流
C. 企业采购物流 D. 企业销售物流

36. 技术创新分为原始创新、集成创新和引进消化吸收再创新的依据是( )。
A. 技术变化量的大小 B. 创新模式的不同
C. 技术创新的对象 D. 技术创新的范围

37. 相对于技术推动的创新模式,需求拉动创新模式的特征是( )。
A. 创新成果易于应用 B. 难于商品化
C. 创新周期较长 D. 重视长期研发项目

38. 下列关于各种技术创新战略的表述错误的是( )。
A. 自主创新战略要求企业具有较强的研发能力和一定的投资能力
B. 模仿创新战略在技术方面只能被动适应,技术积累方面难以进行长远规划
C. 合作创新战略一般集中在新兴技术和高新技术产业
D. 模仿创新战略能够分摊创新成本,分担创新风险

39. 关于项目组合评估的项目地图的说法,正确的是( )。
A. 珍珠型项目具有较高的预期收益和很高的成功概率

中级经济师工商管理专业知识与实务最后冲刺8套题

最后冲刺套题(一)

一、单项选择题(共60题,每题1分。每题的备选项中,只有1个最符合题意)

1. 某食品生产企业决定进军家电业,该企业的这项战略属于( )。
   A. 企业业务战略   B. 企业职能战略
   C. 企业竞争战略   D. 企业总体战略

2. 企业愿景主要包括( )。
   A. 核心信仰和未来前景   B. 核心信仰和企业哲学
   C. 企业哲学和企业定位   D. 未来前景和企业定位

3. 企业通常运用各种现代化的控制方法进行战略控制。运用杜邦分析法旨在进行( )。
   A. 工艺控制   B. 进度控制
   C. 质量控制   D. 财务控制

4. 下列不属于企业核心竞争力特征的是( )。
   A. 异质性   B. 延展性
   C. 持久性   D. 易复制性

5. 企业实施成本领先战略的途径不包括( )。
   A. 发挥规模效应   B. 增加产品品种
   C. 整合企业资源   D. 获取技术优势

6. 某型号智能手机的业务增长率较低,但市场占有率较高,采用波士顿矩阵分析,该型号手机处于( )。
   A. 金牛区   B. 瘦狗区
   C. 幼童区   D. 明星区

7. 通过有关专家之间的信息交流,引起思维共振,产生组合效应,从而形成创造性思维的决策方法称为( )。
   A. 德尔菲法   B. 淘汰法
   C. 头脑风暴法   D. 名义小组法

8. 公司的原始所有权是出资人(股东)对投入资本的终极所有权,其表现为( )。
   A. 股权   B. 法人产权
   C. 执委会   D. 监事会

9. 关于股份有限公司股东大会的说法,错误的是( )。
   A. 股东大会应该每年召开两次年会

目　　录

最后冲刺套题（一） 1

最后冲刺套题（二） 13

最后冲刺套题（三） 25

最后冲刺套题（四） 37

最后冲刺套题（五） 49

最后冲刺套题（六） 61

最后冲刺套题（七） 73

最后冲刺套题（八） 85

正保文化官微

关注正保文化官方微信公众号，回复"勘误表"，获取本书勘误内容。

2020年全国经济专业技术资格考试

中级经济师工商管理 专业知识与实务

最后冲刺8套题

中华会计网校 编

感恩20年相伴 助你梦想成真

北京理工大学出版社
BEIJING INSTITUTE OF TECHNOLOGY PRESS

前　言

正保远程教育

- **发展**：2000—2020年：感恩20年相伴，助你梦想成真

- **理念**：学员利益至上，一切为学员服务

- **成果**：18个不同类型的品牌网站，涵盖13个行业

- **奋斗目标**：构建完善的"终身教育体系"和"完全教育体系"

中华会计网校

- **发展**：正保远程教育旗下的第一品牌网站

- **理念**：精耕细作，锲而不舍

- **成果**：每年为我国财经领域培养数百万名专业人才

- **奋斗目标**：成为所有会计人的"网上家园"

"梦想成真"书系

- **发展**：正保远程教育主打的品牌系列辅导丛书

- **理念**：你的梦想由我们来保驾护航

- **成果**：图书品类涵盖会计职称、注册会计师、税务师、经济师、资产评估师、审计师、财税、实务等多个专业领域

- **奋斗目标**：成为所有会计人实现梦想路上的启明灯

☀ 图书特色

本书包含8套冲刺试题,结合2020年新大纲要求,深挖考点,高质量试卷贴近真题,临考冲刺必备。

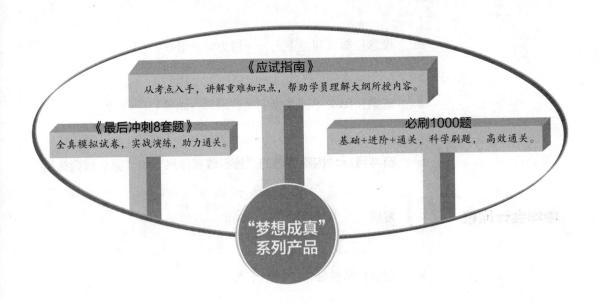

☀ 超值服务

超值服务,心动赠送,通关好礼,考证无忧,购买本书即可收获以下惊喜,为你的备考之路保驾护航。具体服务如下:

B. 监事会提议召开时，应当在两个月内召开临时股东大会
C. 股东大会做出普通决议时，必须经出席会议的股东所持表决权过半数通过
D. 在公司组织机构中，股东大会居于最高层

10. 某股份有限公司决定于2019年10月30日召开董事会，根据我国《公司法》，该公司应当于(　　)前通知全体董事。
   A. 2019年10月15日　　　　　　　　B. 2019年10月20日
   C. 2019年10月23日　　　　　　　　D. 2019年10月25日

11. 根据我国《公司法》，下列人员中，不得担任有限责任公司监事的是(　　)。
   A. 年满18周岁、具有完全民事行为能力的人
   B. 因贪污被判处刑罚，执行期满已逾5年的人
   C. 负有数额较大的债务到期未清偿的人
   D. 因犯罪被剥夺政治权利，执行期满已逾5年的人

12. 我国《公司法》规定，股份有限公司董事会成员为(　　)人。
   A. 3~13　　　　　　　　　　　　　B. 3~19
   C. 5~19　　　　　　　　　　　　　D. 5~13

13. 根据我国《公司法》，下列职权中不属于有限责任公司经理职权的是(　　)。
   A. 主持公司生产经营管理　　　　　B. 拟订管理机构设置方案
   C. 组织实施董事会决议　　　　　　D. 制定公司章程

14. 我国《公司法》规定，股份有限公司监事会定期会议每(　　)至少召开一次。
   A. 6个月　　　　　　　　　　　　　B. 3个月
   C. 1个月　　　　　　　　　　　　　D. 半个月

15. 关于目标市场策略，说法错误的是(　　)。
   A. 集中性营销策略由于目标市场比较单一和狭小，企业如果无法随机应变，会造成巨大损失
   B. 无差异营销策略降低了营销成本，节省了促销费用
   C. 集中性营销策略有利于企业在市场上追求局部优势
   D. 差异性营销策略最终满足的是局部市场需求

16. 某企业通过市场环境分析发现，该企业的扫描仪业务市场机会高，面临的威胁低。该企业的扫描仪业务属于威胁—机会矩阵图中的(　　)。
   A. 冒险业务　　　　　　　　　　　B. 理想业务
   C. 成熟业务　　　　　　　　　　　D. 困难业务

17. 某企业把整个市场看成一个目标市场，只向市场投放一种产品，通过大规模分销和大众化广告推销产品。这种目标市场策略属于(　　)。
   A. 无差异营销策略　　　　　　　　B. 集中性营销策略
   C. 差异性营销策略　　　　　　　　D. 市场组合营销策略

18. 某产品的市场需求量已逐渐趋向饱和，销售量已达到最高点，市场的竞争十分激烈，企业为了促销实行一系列的促销手段。这表明该产品处于生命周期的(　　)。
   A. 介绍期　　　　　　　　　　　　B. 成长期
   C. 成熟期　　　　　　　　　　　　D. 衰退期

19. 某小型游乐场共有5个游乐项目，每个项目票价分别为30元、40元、30元、50元、

50元,通票定价为120元。这种产品组合定价策略为( )。
A. 产品线定价 B. 备选产品定价
C. 产品束定价 D. 副产品定价

20. 生产商运用人员推销和销售促进,将产品由生产商向批发商推销,再由批发商向零售商推销,最后再由零售商向消费者推销。这种促销策略属于( )。
A. 直接推销 B. 拉引策略
C. 公共关系 D. 推动策略

21. 某企业通过不同营销方法,使同种同质的产品在消费者心目中树立起不同的产品形象,进而根据自身特点,选取低于或高于竞争者的价格作为本企业产品价格,该企业采取的定价方法属于( )。
A. 随行就市定价法 B. 认知价值定价法
C. 竞争价格定价法 D. 密封投标定价法

22. 企业的某设备组只生产一种产品,设备组有机器10台,每台机器一个工作日的有效工作时间是15小时,每台机器每小时生产20件产品,则该设备组一个工作日的生产能力是( )件。
A. 2 000 B. 2 200
C. 2 500 D. 3 000

23. 某企业成批轮番生产产品,产品的生产批量为120台,平均日产量为10台,该产品的生产间隔期是( )天。
A. 6 B. 8
C. 10 D. 12

24. 对企业而言,( )是衡量渠道运行绩效的核心内容。
A. 市场覆盖率 B. 商品周转速度
C. 经济效益 D. 渠道销售增长率

25. 生产进度管理的目标是( )。
A. 降低成本 B. 优化生产工艺
C. 准时生产 D. 提高产品质量

26. 关于ABC分类法,下列表述错误的是( )。
A. ABC分类法又称帕累托法
B. 库存物资品种累计占全部品种5%~10%,而资金累计占全部资金总额70%左右的物资定为A类物资
C. 库存物资品种和资金累计占全部资金总额均为20%左右的物资定为B类物资
D. 库存物资品种累计占全部品种70%,而资金累计占全部资金总额15%以下的物资定为C类物资

27. 在物料需求计划(MRP)中,反映产品的组成结构层次及每一层次下组成部分本身的需求量的是( )。
A. 主生产计划 B. 生产调度计划表
C. 物料清单 D. 甘特图

28. 准时化(JIT)本质上是一个( )生产系统。

B. 职位等级法
C. 职位分类法
D. 以技能为基础的基本薪酬制度设计方法

50. 某公司向银行借款 1 000 万元,期限为 5 年,年利率为 12%,复利计息,到期时企业应偿还本息合计金额为( )万元。
    A. 3 524.64
    B. 1 762.34
    C. 1 600
    D. 3 653.24

51. 某公司发行优先股,约定无到期日,每年股息 6 元,假设年利率为 10%,则该优先股股利的现值为( )元。
    A. 45
    B. 50
    C. 55
    D. 60

52. 某企业 2019 年度发行债券融资,每张债券面值 100 元,票面利率 8%,期限 5 年,发行 200 万张,筹资总额 2 亿元,约定每年付息一次,到期一次性还本,假设筹资费用率为 1.5%,企业所得税率为 25%,则该债券的资本成本率是( )。
    A. 5.78%
    B. 5.85%
    C. 5.94%
    D. 6.09%

53. 影响企业财务杠杆系数的因素是( )。
    A. 息税前盈余
    B. 无形资产比重
    C. 股权集中度
    D. 金融资产比重

54. 某优先股,每年股息 2 元,利率为每年 5%,则该优先股的现值为( )元。
    A. 35
    B. 40
    C. 45
    D. 55

55. 某企业欲购进一台设备,需要支付 300 万元,该设备使用寿命为 4 年,无残值,采用直线法计提折旧,预计每年可产生营业净现金流量 140 万元,若所得税率为 25%,则投资回收期为( )年。
    A. 2.1
    B. 2.3
    C. 2.4
    D. 3.2

56. A 公司以其持有的对 B 公司 20% 的股权,与 C 公司的 10 万平方米房地产进行交换,此项交易为( )。
    A. 以资抵债
    B. 资产置换
    C. 股权置换
    D. 以股抵债

57. 为电子商务的产生奠定了技术基础的是( )。
    A. 经济全球化
    B. 信息技术革命
    C. 国家科技政策
    D. 新产品开发的能力

58. 在电子商务活动中,( )是动机和目的。
    A. 商流
    B. 物流
    C. 资金流
    D. 信息流

59. 把互联网与地面店完美对接,实现互联网落地,让消费者在享受线上交易优点的同时,又可享受线下贴心服务的电子商务交易模式是( )。
    A. B2B
    B. O2O

C. C2C D. B2C

60. 海运货物保险的索赔时效为( )年。
   A. 1   B. 2
   C. 3   D. 4

二、多项选择题(共20题，每题2分。每题的备选项中，有2个或2个以上符合题意，至少有1个错项。错选，本题不得分；少选，所选的每个选项得0.5分)

61. 下列方法中，适用于企业战略控制的有( )。
   A. 杜邦分析法   B. PESTEL分析法
   C. 价值链分析法   D. 利润计划轮盘
   E. 平衡计分卡

62. 关于经营决策的说法，正确的有( )。
   A. 经营决策要有明确的目标
   B. 经营决策要有多个备选方案供选择
   C. 经营决策均是有关企业未来发展的全局性、整体性的重大决策
   D. 决策者是企业经营决策的主体
   E. 经营决策必须在有关活动尚未进行、环境条件并未受到影响的情况下进行

63. 根据我国《公司法》，股东享有的权利有( )。
   A. 股东会的出席权、表决权   B. 董事的选举权、被选举权
   C. 经理的聘任权、解聘权   D. 内部管理机构的设置权
   E. 公司股利的分配权

64. 股份有限公司监事会的职权有( )。
   A. 检查公司财务
   B. 对董事、高级管理人员执行公司职务的行为进行监督与处罚
   C. 对公司一般职工的工作作风、工作纪律进行监督检查
   D. 对董事、高级管理人员提起诉讼
   E. 向股东会会议提出提案

65. 下列属于渠道成员业务激励方法的有( )。
   A. 佣金总额动态管理   B. 安排经销商会议
   C. 提供广告津贴   D. 灵活确定佣金比例
   E. 合作制订经营计划

66. 下列产品构成要素中，属于附加产品的有( )。
   A. 产品包装   B. 售后服务
   C. 备件供应   D. 修理维护
   E. 产品品牌

67. 生产调度工作制度一般有( )。
   A. 加班制度   B. 调度值班制度
   C. 调度会议制度   D. 现场调度制度
   E. 调度报告制度

68. 制造资源计划的结构主要包括( )。
   A. 计划和控制的流程系统   B. 基础数据系统

81. 采用SWOT分析法进行战略选择，WO战略是指(   )。
    A. 利用企业优势，利用环境机会　　B. 利用环境机会，克服企业劣势
    C. 利用企业优势，避免环境威胁　　D. 克服企业劣势，避免环境威胁
82. 该企业目前实施的战略为(   )。
    A. 成本领先战略　　　　　　　　　B. 差异战略
    C. 横向一体化战略　　　　　　　　D. 纵向一体化战略
83. 若采用后悔值原则决策，可使该企业获得最大经济效益的方案为生产(   )。
    A. 甲产品　　　　　　　　　　　　B. 乙产品
    C. 丙产品　　　　　　　　　　　　D. 丁产品
84. 该企业此次新产品经营决策属于(   )。
    A. 确定型决策　　　　　　　　　　B. 不确定型决策
    C. 风险决策　　　　　　　　　　　D. 无风险型决策

（二）

某玩具企业生产经营高、中、低三种价格档次的玩具，高档、中档玩具的价格分别为100元、60元。现在开发一种低档玩具，对低档玩具进行定价。经测算，低档玩具的总投资为150万元，固定成本为35万元，单位可变成本为15元。预计销售量5万个。产品上市后，该企业拟通过尽可能多的批发商、零售商推销其产品，先将产品供应给批发商，再由批发商将产品供应给零售商并销售给最终顾客。

85. 该企业采用的产品定价策略是(   )。
    A. 备选产品定价策略　　　　　　　B. 附属产品定价策略
    C. 产品线定价策略　　　　　　　　D. 副产品定价策略
86. 若采用成本加成定价法，加成率为30%，该企业低档玩具的单价是(   )元。
    A. 26.4　　　　　　　　　　　　　B. 26.6
    C. 28.4　　　　　　　　　　　　　D. 28.6
87. 若采用目标利润定价法，目标收益率为30%，该企业低档玩具的单价是(   )元。
    A. 31　　　　　　　　　　　　　　B. 32
    C. 33　　　　　　　　　　　　　　D. 35
88. 关于该企业采取的分销渠道，渠道畅通性评估中(   )是指商品在渠道流通环节停留的时间。
    A. 商品周转速度　　　　　　　　　B. 货款回收速度
    C. 销售回款率　　　　　　　　　　D. 商品周转率

（三）

某企业大批量、单一生产某种产品，该企业为了编制年度生产计划和季度生产计划，对生产能力进行核算。该企业全年制度工作日为250天，两班制，每班工作8小时。其中已知：某铣工车间共有铣床10台，设备计划修理时间占有效工作时间的10%，单件产品时间定额为0.5小时；某钳工车间生产面积200平方米，每件产品占用生产面积5平方米，单件产品时间定额为2小时。

89. 该企业所核算生产能力的类型是(   )。
    A. 计划生产能力　　　　　　　　　B. 查定生产能力
    C. 设计生产能力　　　　　　　　　D. 混合生产能力

90. 影响该企业生产能力的因素是( )。
    A. 固定资产的使用寿命　　　　　　　B. 固定资产的生产效率
    C. 固定资产的工作时间　　　　　　　D. 固定资产的数量

91. 该铣工车间的年生产能力是( )件。
    A. 70 000　　　　　　　　　　　　　B. 72 000
    C. 80 000　　　　　　　　　　　　　D. 87 500

92. 该钳工车间的年生产能力是( )件。
    A. 70 000　　　　　　　　　　　　　B. 72 000
    C. 80 000　　　　　　　　　　　　　D. 87 500

(四)

某企业进行人力资源需求与供给预测。经过调查研究与分析，确认该企业的销售额(单位：万元)和所需要的销售人员数(单位：人)成正相关关系，并根据过去10年的统计资料建立了一元线性回归预测模型 $y=a+bx$，x 代表销售额，y 代表销售人员数，回归系数 $a=18$，$b=0.03$。同时，该企业预计2020年销售额将达到1 000万元，2021年销售额将达到1 500万元。通过统计研究发现，销售额每增加500万元，需增加管理人员、销售人员和客服人员共40人，新增人员中，管理人员、销售人员和客服人员的比例是1∶7∶2。根据人力资源需求与供给情况，该企业制订了总体规划和人员补充计划。

93. 根据一元回归分析法计算，该企业2020年需要销售人员( )人。
    A. 20　　　　　　　　　　　　　　　B. 30
    C. 48　　　　　　　　　　　　　　　D. 64

94. 根据转换比率分析法计算，该企业2021年需要增加客服人员( )人。
    A. 8　　　　　　　　　　　　　　　　B. 12
    C. 24　　　　　　　　　　　　　　　D. 32

95. 该企业进行人力资源供给预测时还可以采用的方法有( )。
    A. 网络计划图法　　　　　　　　　　B. 人员核查法
    C. 管理人员接续计划法　　　　　　　D. 马尔可夫模型法

96. 该企业制订人员补充计划时主要应考虑( )。
    A. 补充人员的数量　　　　　　　　　B. 补充人员的类型
    C. 员工知识技能的改善　　　　　　　D. 优化人员结构

(五)

某生物制药公司年销售净额280万元，息税前利润80万元，固定成本32万元，变动成本总额168万元，资产总额200万元，负债资本比率为40%，综合债务利率为12%，企业所得税税率为25%。预计3年后，公司的资产总额达到1 000万元，负债率会提高到60%。在此期间，需新增贷款500万元，期限3年，货款年利率为15%，每年付息一次，筹资费率为0.1%。

97. 公司当前财务杠杆系数为( )。
    A. 1.12　　　　　　　　　　　　　　B. 1.14
    C. 1.4　　　　　　　　　　　　　　　D. 1.6

98. 如果该公司的财务杠杆系数提高，则( )。
    A. 当公司息税前盈余减少时，每股收益会以更大的幅度减少

9. 根据我国《公司法》，参加股份有限公司设立活动并对公司设立承担责任的主体称为（　　）。
   A. 债权人　　　　　　　　　　　　B. 债务人
   C. 合伙人　　　　　　　　　　　　D. 发起人

10. 按照《公司法》要求，有限责任公司首次股东会会议由（　　）召集和主持，依照法律规定行使职权。
    A. 总经理　　　　　　　　　　　　B. 工会主席
    C. 过半数股东推选的股东　　　　　D. 出资最多的股东

11. 股份有限公司修改公司章程的决议必须经出席会议的股东所持表决权的（　　）以上通过。
    A. 半数　　　　　　　　　　　　　B. 三分之一
    C. 三分之二　　　　　　　　　　　D. 四分之一

12. 某公司是甲市乙县的县属重要国有独资公司，为扩展业务，该公司决定与甲市乙县另一公司合并，对于这一事项，国有资产监督管理机构审核后，应报（　　）批准。
    A. 乙县人民政府　　　　　　　　　B. 甲市国有资产监管机构
    C. 甲市人民政府　　　　　　　　　D. 国务院国有资产监管机构

13. 在现代公司组织结构中，董事会与经理的关系是（　　）。
    A. 以经理对董事会分权为基础的制衡关系
    B. 以董事会对经理实施控制为基础的合作关系
    C. 分工协作关系
    D. 合作与竞争关系

14. 关于国有企业党组织作用的说法，错误的是（　　）。
    A. 充分发挥国有企业党组织的文化核心作用
    B. 进一步加强国有企业人才队伍建设
    C. 切实落实企业党风廉政建设的"两个责任"
    D. 进一步加强国有企业领导班子建设

15. 消费者对某种产品或服务有强烈的需求，但现实情况下无法得到满足。这种需求状态称为（　　）。
    A. 负需求　　　　　　　　　　　　B. 无需求
    C. 潜伏需求　　　　　　　　　　　D. 过量需求

16. 在市场营销中根据年龄结构把消费市场分为儿童市场、青年人市场、中年人市场和老年人市场，这种市场细分的变量属于（　　）。
    A. 人口变量　　　　　　　　　　　B. 行为变量
    C. 心理变量　　　　　　　　　　　D. 地理变量

17. 某企业选择两个细分市场作为目标市场，实行专业化经营，把所有资源投入到这两个细分市场上，该企业采用的目标市场策略是（　　）。
    A. 市场营销组合策略　　　　　　　B. 差异性营销策略
    C. 无差异营销策略　　　　　　　　D. 集中性营销策略

18. 某公司生产香皂和沐浴露两类产品，其中香皂又分为清香型、薄荷型、无香型，沐浴露分为美白的、滋润的、保湿的、去角质的等。该公司产品组合的长度是（　　）。

A. 2 B. 3
C. 4 D. 7

19. 利用消费者仰慕名牌商品或名店的声望所产生的某种心理来制定商品的价格，这种心理定价策略是（　　）。
    A. 声望定价策略 B. 习惯定价策略
    C. 整数定价策略 D. 分档定价策略

20. 品牌资产中，消费者对某一品牌在品质上的整体印象是指（　　）。
    A. 品牌知名度 B. 品牌认知度
    C. 品牌联想度 D. 品牌忠诚度

21. 品牌扩张时，使用单一品牌对企业同一产品线上的产品进行扩张的战略称为（　　）。
    A. 产品线单一品牌战略 B. 跨产品线单一品牌战略
    C. 伞形品牌战略 D. 主副品牌战略

22. 生产型企业在进行生产能力核算时，应首先计算（　　）的生产能力。
    A. 设备组 B. 工段
    C. 车间 D. 企业

23. 废品率和成品返修率属于生产计划指标中的（　　）。
    A. 产品产值指标 B. 产品品种指标
    C. 产品产量指标 D. 产品质量指标

24. 通常情况下，生产作业计划中层级最高的是（　　）。
    A. 车间级生产作业计划 B. 班组生产作业计划
    C. 工段生产作业计划 D. 厂级生产作业计划

25. 下列不属于渠道扁平化原因的是（　　）。
    A. 分销各环节成本增加的影响 B. 网络信息技术的影响
    C. 渠道纵向一体化的影响 D. 顾客需求特征的影响

26. 一定数量的在制品储备是保证生产企业（　　）的必要条件。
    A. 加速资金周转 B. 降低生产场地占用
    C. 减少运输保管费用 D. 有节奏的连续均衡生产

27. 物料需求计划最主要输入的信息是（　　）。
    A. 产品结构文件 B. 库存处理信息
    C. 物料清单 D. 主生产计划

28. 丰田生产方式最基本的理念是（　　）。
    A. 以人为本 B. 从需求出发，杜绝浪费
    C. 更短的生产周期 D. 零缺陷

29. 对物资进行较长距离的空间移动是（　　）的任务。
    A. 运输 B. 仓储
    C. 流通加工 D. 配送

30. 企业采购部门接到采购申请后的下一步工作是（　　）。
    A. 与供应商进行采购谈判 B. 选择供应商
    C. 与供应商签订采购合同 D. 确定采购价格

31. 多品种小批量型生产的特征之一是（　　）。

50. 下列理论中，能够正确揭示不同时点上资金之间换算关系的是( )。
   A. 货币的时间价值   B. 风险价值
   C. 资本成本   D. 财务杠杆

51. 假设 i 为折现率，n 期先付年金的终值可以用 n 期后付年金的终值乘以( )求得。
   A. $(1+i)$ B. $(1+i)^{-1}$
   C. $(1+i)^{-n}$ D. $(1+i)^n$

52. 假设无风险报酬率为3.5%，某公司股票的风险系数为1.2，市场平均报酬率为9.5%，则该公司发行股票的资本成本率为( )。
   A. 9.5%   B. 9.9%
   C. 10.7%   D. 13.0%

53. 下列关于现代资本结构理论的表述错误的是( )。
   A. 根据代理成本理论，债权资本适度的资本结构会降低股东的价值
   B. 根据动态权衡理论，当调整成本小于次优资本结构所带来的公司价值损失时，公司的实际资本结构就会向其最优资本结构状态进行调整
   C. 根据市场择时理论，当股票被过分低估时，理性的管理者应该回购股票
   D. 按照啄序理论，不存在明显的目标资本结构

54. 长期股权投资决策中，投资项目的尽职调查及可行性论证风险属于( )。
   A. 投资决策风险   B. 投资运营管理风险
   C. 投资信用风险   D. 投资清理风险

55. 某公司准备购置一条新的生产线。新生产线使公司年利润总额增加400万元，每年折旧增加20万元，企业所得税率为25%，则该生产线项目的年净营业现金流量为( )万元。
   A. 300   B. 320
   C. 380   D. 420

56. 甲公司与乙公司合并设立新公司，则( )。
   A. 甲、乙公司均存续   B. 甲、乙公司均解散
   C. 仅甲公司解散   D. 仅乙公司解散

57. 某企业为了提高服务水平，通过电子商务平台收集用户对服务的意见和偏好，该企业的活动实现了电子商务的( )功能。
   A. 广告宣传   B. 网上订购
   C. 网络调研   D. 咨询洽谈

58. 下列关于国际货物多式联运单据说法错误的是( )。
   A. 是证明多式联运合同以及多式联运经营人接管货物并负责按照多式联运合同条款交付货物的单据
   B. 是运输合同的证明
   C. 多式联运经营人收到货物的收据和交付货物的凭证
   D. 如果联运的最后一程为海运，则该国际多式联运单据往往具有物权凭证的性质，不可以背书转让

59. 使用最多的网络市场直接调研方法有专题讨论法和( )。
   A. 网上数据库   B. 在线问卷法
   C. 网上观察法   D. 网上实验法

60. 能够解决先付款还是先发货矛盾的电子支付方式是(　　)。
　　A. 第一方支付　　　　　　　　　　B. 第三方支付
　　C. CA认证支付　　　　　　　　　　D. 自动柜员机支付

二、多项选择题(共20题,每题2分。每题的备选项中,有2个或2个以上符合题意,至少有1个错项。错选,本题不得分;少选,所选的每个选项得0.5分)

61. 企业进行战略环境分析时,行业环境分析的主要内容有(　　)。
　　A. 价值链分析　　　　　　　　　　B. 行业生命周期分析
　　C. 社会文化环境分析　　　　　　　D. 行业竞争结构分析
　　E. 战略群体分析

62. 契约式战略联盟是指主要通过契约交易形式构建的企业战略联盟,其常见的形式有(　　)。
　　A. 技术开发与研究联盟　　　　　　B. 产业协调联盟
　　C. 营销联盟　　　　　　　　　　　D. 产品联盟
　　E. 股权式战略联盟

63. 根据我国《公司法》,可以成为法人股东的有(　　)。
　　A. 自然人　　　　　　　　　　　　B. 社团法人
　　C. 企业法人　　　　　　　　　　　D. 投资基金组织
　　E. 代表国家进行投资的机构

64. 股份有限公司董事的忠实义务包括(　　)。
　　A. 自我交易之禁止　　　　　　　　B. 禁止关联交易
　　C. 竞业禁止　　　　　　　　　　　D. 禁止泄露商业秘密
　　E. 禁止滥用公司财产

65. 针对充分需求状态,市场营销者应(　　)。
　　A. 努力保持产品质量　　　　　　　B. 经常测量消费者满意程度
　　C. 通过降低成本来保持合理价格　　D. 激励推销人员和经销商大力推销
　　E. 提高价格、减少附加服务和项目

66. 下列属于心理定价策略的有(　　)。
　　A. 备选产品定价策略　　　　　　　B. 尾数定价策略
　　C. 声望定价策略　　　　　　　　　D. 招徕定价策略
　　E. 分档定价策略

67. 关于累计编号法的说法,正确的有(　　)。
　　A. 本车间投入提前期等于本车间出产提前期加本车间生产周期
　　B. 累计编号法又称在制品定额法
　　C. 累计编号法又称提前期法
　　D. 同一时间上,越是处于生产完工阶段的产品,其编号越小
　　E. 同一时间上,越是处于生产开始阶段的产品,其编号越小

68. 物料需求计划(MRP)的主要输入信息包括(　　)。
　　A. 在制品净生产计划　　　　　　　B. 库存处理信息
　　C. 车间的生产作业计划　　　　　　D. 主生产计划
　　E. 物料清单

82. 该企业目前实施的战略是（　　）。
    A. 差异化战略　　　　　　　　B. 成本领先战略
    C. 一体化战略　　　　　　　　D. 多元化战略
83. 若采用折中原则进行决策（最大值系数 α=0.75），则该企业应采用的方案为（　　）。
    A. 甲产品　　　　　　　　　　B. 乙产品
    C. 丙产品　　　　　　　　　　D. 丁产品
84. 若该企业采用定性决策方法进行新产品决策，可以选用的方法有（　　）。
    A. 德尔菲法　　　　　　　　　B. 杜邦分析法
    C. 哥顿法　　　　　　　　　　D. 名义小组技术法

（二）

由于读者对图书的需求是多方面的，因此图书市场往往呈现较强的异质性。而在我国图书市场，图书品种多而不精、泛而不深的现状已难以满足读者多方面的需要。一方面大的书城的图书经营品种不断增加；另一方面读者很难买到自己真正需要的图书。某图书生产企业要销售一种图书，该图书的单位生产成本为20元，预计销售5万册，希望销售收益率为20%。

85. 某个大型图书零售企业的决策者，为了提高企业的竞争能力，获取竞争优势，在选择图书目标市场时，应优先采取的策略是（　　）。
    A. 无差异营销策略　　　　　　B. 差异性营销策略
    C. 密集性营销策略　　　　　　D. 集中性营销策略
86. 如果对图书市场进行细分，应考虑的变量有（　　）。
    A. 地理　　　　　　　　　　　B. 人口
    C. 消费者心理　　　　　　　　D. 用户规模
87. 根据成本加成定价法，该图书生产企业销售该图书的价格为（　　）元。
    A. 20　　　　　　　　　　　　B. 24
    C. 36　　　　　　　　　　　　D. 40
88. 若该图书生产企业采用需求导向定价法，可使用的具体方法有（　　）。
    A. 认知价值定价法　　　　　　B. 需求差别定价法
    C. 随行就市定价法　　　　　　D. 密封投标定价法

（三）

某企业的产品生产按照工艺顺序需连续经过甲车间、乙车间、丙车间、丁车间的生产才能完成。该企业运用在制品定额法来编制下一个生产周期的生产计划。在下一个生产周期，各车间生产计划如下：丁车间出产量为2 000件，计划允许废品及损耗量为50件，期末在制品定额为300件，期初预计在制品结存量为150件，丙车间投入量为2 000件，乙车间半成品外销量为1 000件，期末库存半成品定额为400件，期初预计库存半成品结存量为200件。

89. 该企业运用在制品定额法编制生产作业计划，可以推出该企业的生产类型属于（　　）类型。
    A. 单件生产　　　　　　　　　B. 小批量生产
    C. 成批生产　　　　　　　　　D. 大批大量生产
90. 丁车间下一个生产周期的投入量是（　　）件。

A. 1 600 B. 1 960
C. 2 200 D. 2 300

91. 乙车间下一个生产周期的出产量是(　　)件。
　A. 3 000 B. 3 200
　C. 3 600 D. 4 500

92. 该企业应最后编制(　　)的生产作业计划。
　A. 甲车间 B. 乙车间
　C. 丙车间 D. 丁车间

(四)

某企业进行人力资源需求与供给预测。经过调查研究与分析，确认本企业的销售额(单位：万元)和所需销售人员数(单位：人)成正相关关系，并根据过去10年的统计资料建立了一元线性回归预测模型 $y=a+bx$，x 代表销售额，y 代表销售人员数，回归系数 $a=19$，$b=0.05$。同时，该企业预计今年销售额将达到1 100万元，明年销售额将达到1 700万元。通过统计研究发现，销售额每增加600万元，需增加管理人员、销售人员和客服人员共50名，新增人员中，管理人员、销售人员和客服人员的比例是1：6：3。

93. 该企业可采用的人力资源内部供给预测的方法是(　　)。
　A. 德尔菲法 B. 转换比率分析法
　C. 一元回归分析法 D. 马尔可夫模型法

94. 影响该企业外部人力资源供给的因素有(　　)。
　A. 本地区的人口总量与人力资源供给率
　B. 本地区的人力资源的总体构成
　C. 宏观经济形势和失业率预期
　D. 企业人才流失率

95. 根据一元回归分析法计算，该企业今年需要销售人员(　　)人。
　A. 40 B. 55
　C. 74 D. 104

96. 根据转换比率分析法计算，该企业明年需要增加客服人员(　　)人。
　A. 5 B. 15
　C. 30 D. 50

(五)

某公司正考虑建设一个新项目。根据市场调查和财务部门测算，项目周期为5年，项目现金流量已估算完毕，公司选择的贴现率为10%，具体数据见项目现金流量表及现值系数表。

项目现金流量表　　　　　　　　　　　　　　单位：万元

年份	0	1	2	3	4	5
净现金流量	(1 200)	400	400	400	400	300

现值系数表

年份系数 贴现率	复利现值系数					年金现值系数				
	1	2	3	4	5	1	2	3	4	5
10%	0.909	0.824	0.751	0.683	0.621	0.909	1.736	2.487	3.170	3.791

A. 方案Ⅰ	B. 方案Ⅱ
C. 方案Ⅲ	D. 方案Ⅳ

8. 公司作为法人对公司财产的排他性占有权、使用权、收益权和处分转让权。这指的是(　　)。
   A. 经营权	B. 所有权
   C. 法人产权	D. 控制权

9. 在股东的义务中，既是法定义务，也是约定义务的是(　　)。
   A. 缴纳出资义务	B. 遵守公司章程
   C. 忠诚义务	D. 以出资额为限对公司承担责任

10. 股份有限公司股东行使股权的重要原则是(　　)。
    A. 股权多数决	B. 一股一权
    C. 数额多数决	D. 一人一票

11. 在国有独资公司中，行使股东会职权的是(　　)。
    A. 股东大会	B. 国有资产监督管理机构
    C. 董事会	D. 监事会

12. 关于股份有限公司董事的表述，错误的是(　　)。
    A. 董事任期由公司章程规定	B. 董事每届任期不得超过两年
    C. 董事任期届满，连选可以连任	D. 董事具有忠实和注意义务

13. 我国《公司法》对股份有限公司董事会定期会议的召开期限作了规定，即每年度至少召开(　　)次。
    A. 一	B. 两
    C. 三	D. 四

14. 国有独资公司的监事会由国有资产监督管理机构派出，其派出目的不包括(　　)。
    A. 加强对国有企业的监管	B. 促进董事、经理忠实履行职责
    C. 确保国有资产不受侵犯	D. 监控企业的员工流失

15. 市场由三个要素构成，即人口、购买力和(　　)。
    A. 购买欲望	B. 购买倾向
    C. 购买习惯	D. 消费能力

16. 由于消费者对某产品缺乏了解，导致该产品在市场上难以打开销路。市场对该产品的需求状况称为(　　)。
    A. 负需求	B. 充分需求
    C. 无需求	D. 过量需求

17. 关于目标市场策略，说法错误的是(　　)。
    A. 在特定的目标市场内，可供企业选择的市场策略包括无差异营销策略、差异性营销策略和集中性营销策略
    B. 无差异营销策略降低了营销成本，节省了促销费用
    C. 差异性营销策略能够较好地满足不同消费者的需求，增加企业对市场的适应能力和应变能力
    D. 无差异营销策略是一种以市场细分为基础的营销策略

18. 某企业的产品总投资为200万元，固定成本为35万元，单位可变成本为25元，预计销

售量为 5 万个。若采用目标利润定价法，目标收益率为 30%，该产品的单价为（　　）元。
A. 44　　　　　　　　　　　　B. 41.6
C. 40　　　　　　　　　　　　D. 32

19. "2/10, n/30"，这属于折扣与折让定价策略中的（　　）。
A. 现金折扣　　　　　　　　　B. 数量折扣
C. 交易折扣　　　　　　　　　D. 价格折让

20. 下列定价策略中，采用产品线定价策略的是（　　）。
A. 某企业将其生产的高、中、低档服装分别定价为 2 200 元、560 元和 180 元
B. 某企业为了提高产品销售量，给经销商制定了"2/10, n/30"的折扣条件
C. 某酒店为了整体效益的提升，推出每日一个"特价菜"
D. 一家餐厅将它的汉堡类食品统一标价为 9.8 元，这就比标价 10 元受欢迎

21. 某酒店推出的每日一个"特价菜"，这属于心理定价策略中的（　　）。
A. 习惯定价策略　　　　　　　B. 分档定价策略
C. 声望定价策略　　　　　　　D. 招徕定价策略

22. 影响企业生产能力的因素不包括（　　）。
A. 固定资产的数量　　　　　　B. 品牌的价值
C. 固定资产的工作时间　　　　D. 固定资产的生产效率

23. 某企业的齿轮生产流水线有效工作时间为每日 8 小时，流水线节拍为 5 分钟，该流水线每日的生产能力是（　　）件。
A. 85　　　　　　　　　　　　B. 90
C. 96　　　　　　　　　　　　D. 100

24. 下列渠道权力中属于中介性权力的是（　　）。
A. 专长权　　　　　　　　　　B. 信息权
C. 认同权　　　　　　　　　　D. 奖励权

25. 下列生产控制指标中，实际值小于目标值即为达标的是（　　）。
A. 利润　　　　　　　　　　　B. 成本
C. 劳动生产率　　　　　　　　D. 产量

26. 下列库存控制的基本方法中，（　　）是连续不断地监视库存余量的变化，当库存量达到某一预定数值时，即向供货商发出固定批量的订货请求，经过一定时间后货物到达，补充库存。
A. 定量控制法　　　　　　　　B. 定期控制法
C. 订货间隔期法　　　　　　　D. ABC 分类法

27. 下列生产控制方式中，能够"实时"控制，从而确保生产活动沿着当期计划目标展开，且控制的重点是当前生产过程的是（　　）。
A. 事中控制方式　　　　　　　B. 事后控制方式
C. 事前控制方式　　　　　　　D. 全员控制方式

28. 由于库存不足带来的缺货损失属于（　　）。
A. 仓储成本　　　　　　　　　B. 订货成本
C. 机会成本　　　　　　　　　D. 存储成本

C. 因素比较法 D. 职位等级法

50. M 公司从 N 公司租入数控机床一台，合同约定租期为 2 年，M 公司每年年末支付给 N 公司租金 10 万元，假定年复利率为 6%，则 M 公司支付的租金现值总计为( )万元。
   A. 9.43　　　　　　　　　　　　B. 18.33
   C. 20.00　　　　　　　　　　　　D. 20.12

51. 资本成本是企业筹资和使用资本而承付的代价，从绝对量的构成看，资本成本包括用资费用和( )。
   A. 销售费用　　　　　　　　　　　B. 制造费用
   C. 筹资费用　　　　　　　　　　　D. 营业费用

52. 营业杠杆系数是指( )的变动率相当于销售额(营业额)变动率的倍数。
   A. 经营费用　　　　　　　　　　　B. 变动成本
   C. 财务费用　　　　　　　　　　　D. 息税前盈余

53. 使用每股利润分析法选择筹资方式时，所计算的每股利润无差别点是指两种或两种以上筹资方案下普通股每股利润相等时的( )水平。
   A. 营业利润　　　　　　　　　　　B. 息税前盈余
   C. 净利润　　　　　　　　　　　　D. 利润

54. 某企业计划 2020 年投资一个新的生产线项目，经测算，该项目厂房投资为 200 万元，设备投资为 500 万元，流动资产投资额为 50 万元，企业所得税率为 25%。则该项目初始现金流量为( )万元。
   A. 500　　　　　　　　　　　　　B. 525
   C. 562　　　　　　　　　　　　　D. 750

55. 下列项目投资决策评价指标中，没有考虑资金的时间价值的是( )。
   A. 净现值　　　　　　　　　　　　B. 平均报酬率
   C. 获利指数　　　　　　　　　　　D. 内部报酬率

56. 甲公司是一家致力于打造"全产业链"的集团企业。2019 年该公司在原有小麦面粉企业的基础上并购了一家方便面企业乙公司。甲公司针对乙公司的这种并购属于( )。
   A. 纵向并购　　　　　　　　　　　B. 混合并购
   C. 善意并购　　　　　　　　　　　D. 协议并购

57. 互联网传送的信息数量与精确度，远超过其他媒体，并更适应市场需求，企业通过及时更新产品或调整价格，能够达到及时有效了解并满足顾客的需求的目的，这体现了网络营销的( )。
   A. 技术性　　　　　　　　　　　　B. 超前性
   C. 跨时域性　　　　　　　　　　　D. 高效性

58. 实现电子商务的基础设施层是( )。
   A. 网络层　　　　　　　　　　　　B. 信息传输层
   C. 业务服务层　　　　　　　　　　D. 数据库层

59. 许可模式中，( )是指技术交易的双方通过许可证协议相互交换各自的技术使用权，一般不收取费用。
   A. 独占许可　　　　　　　　　　　B. 排他许可
   C. 普通许可　　　　　　　　　　　D. 交叉许可

60. 下列网络市场调研方法中,属于网络市场间接调研方法的是( )。
    A. 专题讨论法   B. 网上观察法
    C. 在线问卷法   D. 网上数据库查找法

二、**多项选择题**(共20题,每题2分。每题的备选项中,有2个或2个以上符合题意,至少有1个错项。错选,本题不得分;少选,所选的每个选项得0.5分)

61. 企业战略分若干层次,具体由( )组成。
    A. 企业总体战略   B. 企业业务战略
    C. 企业发展战略   D. 企业职能战略
    E. 企业产品战略

62. 下列经营决策方法中,适用于企业定性决策的有( )。
    A. 哥顿法   B. 线性规划法
    C. 德尔菲法   D. 名义小组技术
    E. 头脑风暴法

63. 应交由有限责任公司股东会特别决议的事项有( )。
    A. 修改公司章程   B. 增加或者减少注册资本
    C. 修改公司投资计划   D. 公司的合并、分立、解散
    E. 变更公司形式

64. 下列事项中,属于独立董事应向董事会或股东大会发表独立意见的有( )。
    A. 提名、任免董事
    B. 独立董事认为可能损害中小股东权益的事项
    C. 公司董事、高级管理人员的薪酬
    D. 董事会召开的提议
    E. 聘任或者解聘高级管理人员

65. 在特定的目标市场内,可供企业选择的市场策略主要有( )。
    A. 无差异营销策略   B. 差异性营销策略
    C. 集中性营销策略   D. 成本领先营销策略
    E. 撇脂营销策略

66. 下列对渠道冲突的处理表述正确的有( )。
    A. 以共同利益为基础确定渠道成员的长期目标
    B. 鼓励各渠道成员积极参与渠道活动和相关政策的制定过程
    C. 适当运用激励手段
    D. 采用人员固定的做法减少冲突
    E. 适时清理渠道成员

67. 企业采用类比法制定生产控制标准的依据有( )。
    A. 上游企业的先进水平   B. 同行业的先进水平
    C. 本企业的历史水平   D. 合作伙伴的历史水平
    E. 下游企业的先进水平

68. 库存管理成本主要包括( )。
    A. 仓储成本   B. 订货成本
    C. 包装成本   D. 销售成本

C. 清算战略　　　　　　　　　　　　D. 暂停战略

83. 若采用乐观原则计算，使公司获得最大经济效益的手机样式为（　　）。
   A. A 型　　　　　　　　　　　　　B. B 型
   C. C 型　　　　　　　　　　　　　D. A 型和 B 型

84. 若采用等概率原则，各方案每种状态的概率分别为 1/3，则该公司应选取的方案为（　　）。
   A. A 型　　　　　　　　　　　　　B. A 型和 B 型
   C. C 型　　　　　　　　　　　　　D. B 型和 C 型

（二）

甲企业的产品组合为 3 种洗衣粉、4 种香皂、5 种纸巾和 6 种洗发水，共 18 种产品。目前，乙企业生产的洗衣粉产品已经占有了原属于甲企业的部分市场。为此，甲企业决定采取措施改变洗衣粉产品的形象，使顾客对其产品建立新的认识。同时，甲企业拟生产一种新型香皂，总固定成本为 200 万元，每块香皂可变成本为 2 元，每块香皂目标价格为 4 元。新型香皂推出后，甲企业建立了分销渠道，首先通过代理商将产品销售给批发商，再由批发商销售给零售商，最后由零售商销售给消费者。

85. 甲企业的产品组合宽度为（　　）。
   A. 3　　　　　　　　　　　　　　B. 4
   C. 5　　　　　　　　　　　　　　D. 6

86. 甲企业对洗衣粉产品采取的市场定位策略为（　　）。
   A. 避强定位策略　　　　　　　　　B. 迎头定位策略
   C. 重新定位策略　　　　　　　　　D. 产品线定位策略

87. 根据目标利润定价法，甲企业生成的新型香皂的盈亏平衡产量为（　　）万块。
   A. 33　　　　　　　　　　　　　　B. 50
   C. 100　　　　　　　　　　　　　 D. 120

88. 甲企业建立分销渠道管理的目标是（　　）。
   A. 市场占有率　　　　　　　　　　B. 利润额
   C. 销售增长额　　　　　　　　　　D. 顾客满意度

（三）

甲企业拟引进乙企业的专利技术。经专家评估，该技术能够将甲企业的技术能力大幅提高，该技术的技术性能修正系数为 1.15，时间修正系数为 1.1，技术寿命修正系数为 1.2。经调查，两年前类似技术交易转让价格为 50 万元。甲企业与乙企业签订合同约定，甲企业支付款项后可以使用该项技术。甲企业使用该技术后，发现对技术能力的提高不及预期，于是同丙企业签订合作协议，将相关技术研发委托给丙企业。技术开发成功后，甲企业于 2017 年 9 月 17 日向国家专利部门提交了发明专利申请，2019 年 7 月 20 日国家知识产权局授予甲企业该项目技术发明专利权。

89. 采用市场模拟模型计算，甲企业购买该技术的评估价格为（　　）万元。
   A. 58.6　　　　　　　　　　　　　B. 63.7
   C. 69.8　　　　　　　　　　　　　D. 75.9

90. 甲企业与乙企业签订的该项合同属于（　　）。
   A. 专利技术开发合同　　　　　　　B. 专利技术转让合同

C. 专利实施许可转让合同　　　　　D. 专利申请权转让合同

91. 甲企业将技术研发委托给丙企业的研发模式称为(　　)。
    A. 自主研发　　　　　　　　　　B. 项目合作
    C. 研发外包　　　　　　　　　　D. 联合开发
92. 关于甲企业该项技术发明专利权有效期的说法,正确的是(　　)。
    A. 有效期至2037年9月16日　　　B. 有效期至2039年7月19日
    C. 有效期至2029年7月19日　　　D. 有效期满后专利权终止

(四)

某企业根据人力资源需求与供给状况及相关资料,制定2020年人力资源总体规划和人员接续及升迁计划,经过调查研究,确认该企业的市场营销人员变动矩阵如下表所示：

职务	现有人数	年平均人员调动概率				年平均离职率
		市场营销总监	市场营销经理	市场营销主管	业务员	
市场营销总监	1	0.9				0.1
市场营销经理	4	0.1	0.8			0.1
市场营销主管	20		0.1	0.7		0.2
业务员	100			0.1	0.7	0.2

93. 该企业对人力资源供给状况进行预测时,可采用的方法是(　　)。
    A. 杜邦分析法　　　　　　　　　B. 人员核查法
    C. 关键事件法　　　　　　　　　D. 管理人员接续计划法
94. 根据马尔可夫模型法计算,该企业2020年市场营销主管的内部供给量为(　　)人。
    A. 6　　　　　　　　　　　　　　B. 12
    C. 24　　　　　　　　　　　　　D. 28
95. 该企业指定的人员接续及升迁计划属于(　　)。
    A. 具体计划　　　　　　　　　　B. 总体计划
    C. 中期规划　　　　　　　　　　D. 长期规划
96. 影响该企业人力资源外部供给量的因素是(　　)。
    A. 本行业劳动力平均价格
    B. 所属行业的价值链长度
    C. 本地区人力资源总体构成
    D. 所在地区劳动力市场供求状况

(五)

某上市公司2019年的营业额为8亿元,息税前利润为2.2亿元,公司的资产总额为24亿元,负债总额为16亿元,债务年利息额为1.1亿元。公司计划2020年对外筹资3亿元投资一个新项目,筹资安排初步确定为发行股票筹资1亿元,从银行贷款2亿元。经过估算,发行股票的资本成本率为15%,银行贷款的资本成本率为7%。

97. 该公司2019年的财务杠杆系数为(　　)。
    A. 1.0　　　　　　　　　　　　　B. 1.3

B. 发起人持有的本公司的股份自公司成立之日起三年内不得转让
C. 自然人发起人应当具备完全民事行为能力
D. 发起人对设立行为产生的债务承担连带责任

10. 股份有限公司的股东以其( )为限,对公司承担责任。
    A. 个人资产   B. 全部资产
    C. 认缴的出资额   D. 认购的股份

11. 根据我国《公司法》,代表1/10以上表决权的股东提议召开董事会临时会议时,董事长应当自接到提议后( )日内,召集和主持董事会会议。
    A. 7   B. 10
    C. 15   D. 30

12. 下列不属于独立董事职权的是( )。
    A. 可以在股东大会召开前公开向股东征集投票权
    B. 向董事会提议聘用或解聘会计师事务所
    C. 向董事会提请召开临时股东大会
    D. 检查公司财务

13. 根据我国有关法律法规,上市公司董事会成员中独立董事的比例不得小于( )。
    A. 五分之一   B. 三分之一
    C. 二分之一   D. 三分之二

14. 根据《公司法》,有限责任公司中监事的任期为每届( )年。
    A. 二   B. 三
    C. 四   D. 五

15. "市场需要什么,我们就卖什么",这种营销观念属于( )。
    A. 生产观念   B. 推销观念
    C. 产品观念   D. 现代市场营销观念

16. 目标市场的策略中,降低了营销成本,节省了促销费用,但长期使用会导致一部分需求得不到满足的营销策略是( )。
    A. 无差异性营销策略   B. 分散性营销策略
    C. 整体性营销策略   D. 集中性营销策略

17. 产品的包装、质量、品牌、特色和设计等属于产品层次中的( )。
    A. 扩展产品   B. 形式产品
    C. 核心产品   D. 附加产品

18. 某企业在新产品上市之初,将价格定得很高,尽可能在短期内赚取高额利润,该企业采取的定价策略是( )。
    A. 撇脂定价策略   B. 渗透定价策略
    C. 温和定价策略   D. 心理定价策略

19. 某企业的产品总投资为300万元,固定成本为35万元,单位可变成本为15元,预计销售量为7万个。若采用成本加成定价法,加成率为20%,该企业的单价为( )元。
    A. 15   B. 20
    C. 24   D. 29

20. 很多资金有限的中小企业往往采用的制定广告预算的方法是( )。

A. 量力而行法 B. 销售百分比法
C. 竞争均势法 D. 目标任务法

21. 大卫·艾克提炼出的品牌资产的"五星"概念模型中，消费者对于品牌的记忆程度称为( )。
    A. 品牌认知度 B. 品牌忠诚度
    C. 品牌联想度 D. 品牌知名度

22. 新企业在搞基本建设时，所依据的企业生产能力是( )。
    A. 查定生产能力 B. 计划生产能力
    C. 设计生产能力 D. 现实生产能力

23. 某钳工车间生产面积400平方米，单一生产产品A，单位面积有效工作时间为每日8小时，每件产品A占用生产面积2.5平方米，生产一件产品A占用时间为1小时，则该钳工车间的日生产能力是( )件。
    A. 800 B. 1 200
    C. 1 280 D. 1 500

24. 在成批轮番生产类型中，一批产品或零件从投入到产出的时间间隔称为( )。
    A. 节拍 B. 生产间隔期
    C. 生产提前期 D. 生产周期

25. 市场调查和分析信息不准确，对顾客期望的服务了解不准确，没作需求分析，顾客需求信息在传递中改变等是以下哪种差距产生的原因( )。
    A. 质量感知差距 B. 感知服务差距
    C. 质量标准差距 D. 市场沟通差距

26. 生产调度工作的基本原则是生产调度工作( )。
    A. 必须以生产进度计划为依据 B. 要从实际出发，贯彻群众路线
    C. 必须高度集中和统一 D. 要以预防为主

27. 企业资源计划(ERP)的核心模块是( )。
    A. 生产控制模块 B. 物流管理模块
    C. 财务管理模块 D. 人力资源管理模块

28. 贯穿丰田生产方式的两大支柱是( )。
    A. 标准化和专业化 B. 多样化和制度化
    C. 自动化和准时化 D. 结构化和形式化

29. 连锁型零售企业的物流特点是集中于( )。
    A. 供应物流 B. 生产物流
    C. 销售物流 D. 回收物流

30. 企业采购管理的原则不包括( )。
    A. 适当的数量 B. 适当的人员
    C. 适当的时间 D. 适当的价格

31. 粮食的生产具有季节性，但是消费是连续不断的，通过仓储可以把生产和消费协调平衡起来，这体现了仓储管理的( )功能。
    A. 供需调节 B. 价格调节
    C. 货物运输能力调节 D. 配送与流通加工

D. 企业自主福利不具有任何的强制性，具体的项目也没有一定的规定和标准

50. 在前几个周期内不支付款项，到了后面几个周期时才等额支付的年金形式称为( )。
    A. 后付年金　　　　　　　　　　　　B. 先付年金
    C. 递延年金　　　　　　　　　　　　D. 永续年金

51. 某公司从银行获得贷款 2 亿元，期限为 3 年，贷款年利率为 6.5%，约定每年付息一次，到期一次性还本。假设筹资费用率为 0.5%，公司所得税税率为 25%，则该公司该笔贷款的资本成本率是( )。
    A. 4.90%　　　　　　　　　　　　　B. 5.65%
    C. 6.50%　　　　　　　　　　　　　D. 9.00%

52. 如果某企业的财务杠杆系数为 1.8，则说明( )。
    A. 当公司息税前盈余增长 1 倍时，普通股每股收益将增长 1.8 倍
    B. 当公司普通股每股收益增长 1 倍时，息税前盈余将增长 1.8 倍
    C. 当公司营业额增长 1 倍时，息税前盈余将增长 1.8 倍
    D. 当公司息税前盈余增长 1 倍时，营业额将增长 1.8 倍

53. 某公司投资某项目，预计 5 年后可获得投资收益 500 万元，假定年利率为 10%，则该公司投资收益的复利现值为( )万元。
    A. 375　　　　　　　　　　　　　　B. 341
    C. 328　　　　　　　　　　　　　　D. 310

54. 根据每股利润分析法，当企业的实际息税前盈余(EBIT)大于无差别点时，公司宜选择( )筹资方式。
    A. 资本成本非固定型　　　　　　　　B. 资本成本固定型
    C. 资本成本递增型　　　　　　　　　D. 资本成本递减型

55. 公司债权人将其对公司享有的合法债权转为出资(认购股份)从而增加公司注册资本的行为是( )。
    A. 股转债　　　　　　　　　　　　　B. 以债抵股
    C. 债转股　　　　　　　　　　　　　D. 以股抵债

56. 使用市销率法对公司估值的计算方式是( )。
    A. 标准市销率×销售费用　　　　　　B. 标准市销率×销售成本
    C. 标准市销率×营业利润　　　　　　D. 标准市销率×销售收入

57. 电子商务所涉及的四流中，具有明显双向传递特征的是( )。
    A. 商流　　　　　　　　　　　　　　B. 物流
    C. 资金流　　　　　　　　　　　　　D. 信息流

58. 电子商务运作系统中，保证相关主体身份真实性和交易安全性的机构是( )。
    A. 企业　　　　　　　　　　　　　　B. 物流配送机构
    C. CA 认证中心　　　　　　　　　　 D. 银行

59. 国际铁路货物联运的( )是贸易双方结算货款的依据。
    A. 运单正本　　　　　　　　　　　　B. 运行报单
    C. 运单副本　　　　　　　　　　　　D. 货物交付单

60. 某企业通过门户网站的新闻报道，把企业、品牌、产品、服务等相关信息及时、全面地向社会公众广泛传播，该企业所采用的网络营销方式是( )。

A. 网络软文营销 B. 网络直复营销
C. 网络知识性营销 D. 博客营销

二、多项选择题(共20题,每题2分。每题的备选项中,有2个或2个以上符合题意,至少有1个错项。错选,本题不得分;少选,所选的每个选项得0.5分)

61. 下列方法中,可以用于企业内部环境分析的有( )。
   A. 企业核心竞争力分析 B. 价值链分析法
   C. EFE矩阵分析法 D. IFE矩阵分析法
   E. 波士顿矩阵分析法

62. 在贸易进入模式中,直接出口的主要形式包括( )。
   A. 建立国外营销子公司 B. 设立驻外办事处
   C. 借助国外经销商和代理商 D. 设立国内出口部
   E. 独资进入和合资进入

63. 公司股东的忠诚义务包括( )。
   A. 禁止损害公司利益 B. 向董事会负责
   C. 考虑其他股东利益 D. 按期足额缴纳出资
   E. 谨慎负责地行使股东权利及其影响力

64. 某公司为上市公司,根据我国《公司法》,下列人员中,不得担任该公司独立董事的有( )。
   A. 在该公司任职的人员 B. 持有该公司0.5%已发行股份的人员
   C. 该公司前10名股东中的自然人股东 D. 在该公司第六大股东单位任职的人员
   E. 为该公司提供法律服务的人员

65. 产品组合的策略有( )。
   A. 扩大产品组合策略 B. 缩减产品组合策略
   C. 产品线延伸策略 D. 产品线传统化策略
   E. 产品线现代化策略

66. 消除渠道差距的思路包括( )。
   A. 通过对市场进行细分,详细了解细分市场顾客需求
   B. 利用新的分销技术降低成本
   C. 改变渠道环境和管理限制所产生的渠道差距
   D. 调整各经销商间的关系
   E. 引进新的分销专家,改进渠道运营

67. 生产进度控制的基本内容包括( )。
   A. 投入进度控制 B. 库存进度控制
   C. 工序进度控制 D. 出产进度控制
   E. 销售进度控制

68. 大中型企业的生产调度系统组织包括( )。
   A. 办事处调度 B. 厂级调度
   C. 车间调度 D. 工段调度
   E. 工序调度

69. 企业生产物流的基本特征主要有( )。

车间的生产任务,装配车间是生产该农机产品的最后车间,2019年10月份应生产到1 500号,生产的平均日产量为10台,该种农机产品在机械加工车间的出产提前期为50天,生产周期为50天,假定各车间的生产保险期为0。

85. 该企业运用提前期法编制生产作业计划,可以推测该企业属于( )类型企业。
    A. 大批量生产　　　　　　　　　　B. 成批生产
    C. 小批量生产　　　　　　　　　　D. 单件生产
86. 该机械加工车间10月份出产的累计号数是( )。
    A. 1 600号　　　　　　　　　　　　B. 1 800号
    C. 2 000号　　　　　　　　　　　　D. 2 500号
87. 该机械加工车间10月份投入产品的累计号是( )。
    A. 1 600号　　　　　　　　　　　　B. 1 800号
    C. 2 000号　　　　　　　　　　　　D. 2 500号
88. 该企业运用提前期法编制生产作业计划,优点是( )。
    A. 各个车间可以平衡地编制作业计划　　B. 生产任务可以自动修改
    C. 提高生产质量　　　　　　　　　　D. 可以用来检查零部件生产的成套性

(三)

甲企业为了快速开发出某一高新技术产品,与其他企业形成企业联盟,该联盟由联盟协调委员会协调运作。同时甲企业将其商标、生产技术以及经营管理方式等全盘转让给乙企业使用,乙企业向甲企业每年支付200万元。

为了提高生产效率,甲企业拟向一家科研机构购买一项新的生产技术。经预测,该技术可再使用5年,采用该项新技术后,甲企业产品价格比同类产品每件可提高50元,预计5年产品的销量分别为9万件、8万件、6万件、7万件、8万件。根据行业投资收益率,折现率定为10%,复利现值系数见下表。甲企业对该项技术价值评估后,与该科研机构签订了购买合同。

年份	1	2	3	4	5
复利现值系数	0.909	0.826	0.751	0.683	0.621

89. 甲企业与其他企业结成的企业联盟的组织运行模式属于( )。
    A. 平行模式　　　　　　　　　　　　B. 联邦模式
    C. 环形模式　　　　　　　　　　　　D. 星形模式
90. 甲企业与乙企业的技术贸易行为属于( )。
    A. 合资经营　　　　　　　　　　　　B. 技术咨询
    C. 特许专营　　　　　　　　　　　　D. 合作生产
91. 根据效益模型,该项新技术的价格为( )万元。
    A. 1 140.62　　　　　　　　　　　　B. 1 421.15
    C. 1 452.2　　　　　　　　　　　　　D. 1 564.85
92. 甲企业与其他企业结成的企业联盟具有的特点有( )。
    A. 优势性　　　　　　　　　　　　　B. 动态性
    C. 连接的虚拟性　　　　　　　　　　D. 组织的刚性

（四）

某企业经过调查研究与分析，确认该企业的销售额和所需销售人员成正比，根据过去10年的统计资料建立了一元线性回归预测模型 $y=a+bx$，x 代表销售额，y 代表销售人员数，回归系数 $a=4.6$，$b=0.04$。同时该企业现有销售主管25人，预计明年将有5人提升为部门经理，退休3人，辞职6人。此外，该企业明年将从外部招聘4名销售主管，从业务员中提升3人为销售主管。根据人力资源需求与供给情况，该企业制订了劳动关系计划。

请根据上述资料，回答下列问题：

93. 该企业预计明年销售额将达到1 600万元，则该企业约需要销售人员（　　）人。
   A. 46
   B. 52
   C. 64
   D. 69

94. 假设1年后该企业需新增56人，管理人员、销售人员和客服人员的比例是1∶4∶2，则1年后该企业需要新增销售人员（　　）人。
   A. 8
   B. 14
   C. 16
   D. 32

95. 该企业制订劳动关系计划的主要目标有（　　）。
   A. 降低非期望离职率
   B. 改善劳动关系
   C. 优化人员结构及提高绩效目标
   D. 减少投诉和争议

96. 采用管理人员接续计划法预测该企业明年销售主管的供给量为（　　）人。
   A. 11
   B. 18
   C. 23
   D. 32

（五）

某企业拟开发一种新产品，需要资本总额为1 000万元，现有两个筹资组合方案可供选择，两个方案的财务风险相当，都是可以承受的，具体如下表：

筹资方式	方案1		方案2	
	初始筹资额	资本成本率	初始筹资额	资本成本率
银行借款	300万元	—	200万元	—
长期债券	400万元	10%	500万元	8%
普通股	300万元	12%	300万元	12%

其中银行借款的利率为10%，每年付息，到期一次性还本，筹资费率为2%，企业所得税税率为25%。

97. 该公司的个别资本成本中，（　　）的成本属于股权资本成本。
   A. 银行借款
   B. 长期债券
   C. 普通股
   D. 留存收益

98. 向银行借款的资本成本率为（　　）。
   A. 1.67%
   B. 6.85%
   C. 7.65%
   D. 13.07%

A. 个人资产 B. 家庭资产
C. 实缴的出资额 D. 认缴的出资额

9. 根据《公司法》，自然人作为股份有限公司的发起人股东，必须具有（　　）。
   A. 完全行为能力 B. 特定行为能力
   C. 限制行为能力 D. 中国国籍

10. 下列不属于应交由有限责任公司股东会特别决议的事项是（　　）。
    A. 修改公司章程 B. 增加或者减少注册资本
    C. 公司的合并、分立 D. 修改公司投资计划

11. 国有独资公司的合并、分立、解散，增加或者减少注册资本等事项由（　　）决定。
    A. 董事会 B. 国有资产监督管理机构
    C. 监事会 D. 企业职工代表大会

12. 股份有限公司的经理机构是（　　）。
    A. 股东大会的辅助机构 B. 经营决策机构
    C. 公司权力机构 D. 经营管理机构

13. 公司经理的经营水平和经营能力要接受（　　）。
    A. 监事会的监督 B. 董事会的监督
    C. 职工的考核 D. 股东会的考察

14. 公司剩余财产的分配权属于公司的（　　）。
    A. 股东 B. 董事
    C. 监事 D. 经理

15. 国内某企业生产的保护视力的防眩光、不闪式液晶电视机深受消费者欢迎，但是由于该企业产能有限，无法向市场提供充足的该款液晶电视机产品，该款液晶电视机的市场需求状况是（　　）。
    A. 负需求 B. 无需求
    C. 潜伏需求 D. 过量需求

16. 根据环境威胁矩阵图，在第Ⅰ象限内（　　）。
    A. 环境威胁程度高，出现的概率大
    B. 环境威胁程度高，出现的概率小
    C. 环境威胁程度低，但出现的概率却很大
    D. 环境威胁程度低，出现的概率也小

17. 某电冰箱生产企业按照对消费者需求差异的调查分析，将总体市场分割为若干个子市场，从中选择两个乃至全部细分市场作为目标市场，针对不同的子市场的需求特点，设计和生产不同产品，并采用不同的营销组合，分别满足不同需求。该电冰箱生产企业采用的目标市场策略是（　　）。
    A. 无差异营销策略 B. 集中性营销策略
    C. 差异性营销策略 D. 市场组合营销策略

18. 某产品在试销成功后，销售额急剧增加，成本迅速下降，促销费用也相对减少，利润迅速上升。这种产品处于生命周期的（　　）。
    A. 介绍期 B. 成长期
    C. 成熟期 D. 衰退期

19. 将本企业某产品价格保持在市场平均价格水平上,利用这样的价格来获得平均报酬的定价方法属于( )。
   A. 认知价值定价法   B. 随行就市定价法
   C. 密封投标定价法   D. 目标利润定价法

20. 生产商利用广告和公共关系手段,极力向消费者介绍产品,使他们产生兴趣,吸引、诱导他们来购买。这属于( )。
   A. 推动策略   B. 拉引策略
   C. 销售促进   D. 人员推销

21. 品牌战略内容中,品牌的结构问题是( )。
   A. 品牌识别界定   B. 品牌模式选择
   C. 品牌延伸规划   D. 品牌管理规划

22. 下列选项不属于渠道扁平化的形式的是( )。
   A. 直接渠道
   B. 有一层中间商的扁平化渠道
   C. 有两层中间商的扁平化渠道
   D. 有三层中间商的扁平化渠道

23. 成批轮番生产企业中,相邻两批相同产品或零件投入的时间间隔或出产的时间间隔称为( )。
   A. 生产周期   B. 生产间隔期
   C. 生产提前期   D. 在制品定额

24. 下列生产类型企业中,适合采用生产周期法编制生产作业计划的是( )。
   A. 大量生产企业   B. 大批生产企业
   C. 中批生产企业   D. 单件生产企业

25. 生产计划指标中,反映企业在报告期内以货币表现的工业生产活动的最终成果的指标是( )。
   A. 工业总产值   B. 工业商品产值
   C. 工业销售值   D. 工业增加值

26. 某企业每隔一个固定的间隔周期去订货,订货量由当时库存情况确定,以达到目标库存量为限度,该企业采用的库存控制方法是( )。
   A. 定量控制法   B. 定期控制法
   C. 订货点法   D. ABC 分析法

27. MRP 系统中主生产计划由销售预测和( )所决定。
   A. 顾客订单   B. 物料订单
   C. 库存量   D. 生产周期

28. 准时化(JIT)的基本思想是( )。
   A. 一种彻底追求生产过程合理性、高效性和灵活性的生产管理技术
   B. 一个拉动式的生产系统
   C. 追求一种无库存的生产系统,或使库存达到最小的生产系统
   D. 只在需要的时刻,生产需要的数量的所需产品

29. 在物流系统中起缓冲、调节和平衡作用的物流功能是( )。

A. 行为锚定法 B. 关键事件法
C. 评级量表法 D. 书面鉴定法

47. 下列薪酬中,与员工个人的工作和绩效并没有直接的关系,"人人都有份"的是( )。
A. 基本薪酬 B. 激励薪酬
C. 直接薪酬 D. 间接薪酬

48. 企业根据员工、团队或者企业自身的绩效而支付给员工的具有变动性质的经济收入属于( )。
A. 基本薪酬 B. 激励薪酬
C. 间接薪酬 D. 补偿薪酬

49. 企业内部各类、各级职位的薪酬标准要适当拉开距离,以提高员工的工作积极性,这体现了薪酬制度设计的( )。
A. 公平原则 B. 合法原则
C. 激励原则 D. 量力而行原则

50. A公司从B公司处租入设备一台,试用期3年。合同规定,A公司在3年内每年年末向B公司支付租金20万元,若贴现率为8%,则3年租金的现值为51.54万元。如果合同约定改为3年内每年年初付租金20万元,贴现率不变,则3年租金的现值为( )万元。
A. 33.10 B. 35.75
C. 47.42 D. 55.66

51. 普通股价格为10元,每年固定支付股利1.50元,则该普通股的资本成本率为( )。
A. 10.5% B. 15%
C. 19% D. 20%

52. 某公司的债务年利息额为36万元,息税前盈余额为90万元,则该公司的财务杠杆系数为( )。
A. 0.4 B. 1.7
C. 2.8 D. 3.5

53. 下列成本费用中,在估算营业现金流量时,每年的营业现金支出不包括( )。
A. 管理费用 B. 财务费用
C. 折旧 D. 制造费用

54. 如果某一项目的项目期为4年,项目总投资额为600万元,每年现金净流量分别为200万元、330万元、240万元、220万元,则该项目不考虑资金时间价值时的平均报酬率为( )。
A. 16.5% B. 22.5%
C. 33% D. 41.25%

55. 公司对互斥的投资方案选择决策中,当使用不同的决策指标所选的方案不一致时,在无资本限量的情况下,应以( )指标为选择依据。
A. 投资回收期 B. 获利指数
C. 内部报酬率 D. 净现值

56. 一个母公司将其在某子公司中所拥有的股份,按母公司股东在母公司中的持股比例分配给现有母公司的股东,从而在法律上和组织上将子公司的经营从母公司的经营中分离出去,这属于公司分立中的( )。
A. 出售 B. 标准分立
C. 分拆 D. 持股分立

57. 下列选项中,不属于电子商务系统框架结构三个层次的是( )。
A. 一般业务服务 B. 网络基础设施
C. 技术标准 D. 信息发布和传输技术设施

58. 甲公司是一家大型钢铁联合企业,建立网站以寻找更多买方。这种电子商务模式属于( )。
A. 卖方控制型 B. 买方控制型
C. 中介控制型 D. 第三方控制型

59. 国际直接投资的动机中,( )投资的目的是获取和利用国外先进的技术、生产工艺、新产品设计和先进的管理知识。
A. 市场导向型动机
B. 降低成本导向型动机
C. 技术与管理导向型动机
D. 分散投资风险导向型动机

60. 互联网通过展示商品图像、提供商品信息查询,来实现供需互动与双向沟通。这体现了网络营销的( )特点。
A. 多维性 B. 整合性
C. 交互式 D. 超前性

二、**多项选择题**(共20题,每题2分。每题的备选项中,有2个或2个以上符合题意,至少有1个错项。错选,本题不得分;少选,所选的每个选项得0.5分)

61. 在迈克尔·波特教授提出的价值链分析法中,属于辅助活动的有( )。
A. 原料供应 B. 技术开发
C. 人力资源管理 D. 售后服务
E. 生产加工

62. 下列决策方法中,属于确定型决策方法的有( )。
A. 线性规划法 B. 盈亏平衡点法
C. 决策树分析法 D. 期望损益决策法
E. 后悔值原则

63. 关于法人财产的表述,正确的有( )。
A. 公司法人财产从归属意义上讲,是属于出资者(股东)的
B. 公司的法人财产和出资者的其他财产之间有明确的界限
C. 一旦资金形成法人财产,出资者只能依法转让其所持的股份
D. 公司以其法人财产和出资者的其他财产承担民事责任
E. 即使资金形成法人财产,出资者也可以从企业中抽回这部分财产

64. 股份有限公司股东大会的会议类型有( )。
A. 股东年会 B. 临时股东会议
C. 大股东会议 D. 股东首次会议
E. 定期股东会议

农场对四种备选方案的损益值进行了预测,在不同市场状态下的损益值如下表所示(单位:万元)。

市场状态 损益值 方案	畅销	一般	滞销
生产 A 果汁	60	40	20
生产 B 果汁	70	30	15
生产 C 果汁	80	40	10
生产 D 果汁	100	50	-30

81. 该农场实施的战略为( )。
    A. 前向一体化战略 B. 多元化战略
    C. 横向一体化战略 D. 后向一体化战略

82. 该农场所在行业中普遍存在着多种竞争力量,根据"五力模型",这些竞争力量包括行业内现有企业间的竞争、潜在进入者的威胁、替代品的威胁以及( )。
    A. 购买者的谈判能力 B. 行业主管部门的影响力
    C. 供应者的谈判能力 D. 行业协会的影响力

83. 如果根据后悔值原则进行决策,则该农场获得最大经济效益的方案为( )。
    A. 生产 A 果汁 B. 生产 B 果汁
    C. 生产 C 果汁 D. 生产 D 果汁

84. 该农场利用核心竞争力分析法分析企业内部环境时,核心竞争力的特征有( )。
    A. 异质性 B. 持久性
    C. 价值性 D. 周期性

(二)

某公司推出一种与该公司刀片配套的专用剃须刀,品质优良,销路甚佳,虽然其刀片价格较其他品牌的昂贵一些,但也带动了该公司刀片的销量大大增加。现该公司已开发出一种新型剃须刀,需对其进行定价。经测算,该新型剃须刀的总投资为 300 万元,固定成本为 180 万元,单位可变成本为 120 元,预计销售量为 6 万个。产品上市后,该公司拟从所愿意经销其产品的中间商中挑选几个最合适的中间商来销售其产品,先将其产品供应给零售商,再由零售商销售给消费者。

85. 该公司采用的产品定价策略是( )。
    A. 备选产品定价策略 B. 附属产品定价策略
    C. 产品线定价策略 D. 副产品定价策略

86. 若采用成本加成定价法,加成率为 30%,则该企业新型剃须刀的单价是( )元。
    A. 150   B. 156
    C. 160   D. 195

87. 若采用目标利润定价法,目标收益率为 20%,则该公司新型剃须刀的单价是( )元。
    A. 130   B. 150
    C. 156   D. 160

88. 该公司生产剃须刀属于( )。
   A. 便利品	B. 选购品
   C. 特殊品	D. 非渴求品

(三)

甲企业拟引进乙企业的某项技术发明专利,经专家调查评估,类似技术实际交易价格为15万元,该技术发明的技术经济性能修正系数为1.10,时间修正系数为1.12,技术寿命修正系数为1.3。甲企业对该项技术发明价值评估后,与乙企业签订了技术发明专利购买合同。合同约定,甲企业支付款项后,此项技术发明归甲企业所有。甲企业使用该技术发明后,发现该项技术发明对企业技术能力的提高远远大于预期,于是同乙企业签订协议,将同类技术研发委托给乙企业。

89. 根据我国《专利法》,乙企业的该项技术发明的保护期限为( )年。
   A. 5	B. 10
   C. 15	D. 20

90. 根据市场模拟模型,甲企业购买该项技术发明的评估价格为( )万元。
   A. 23.52	B. 24.02
   C. 25.71	D. 26.02

91. 甲企业与乙企业签订的该项技术发明购买合同属于( )。
   A. 技术开发合同	B. 技术转让合同
   C. 技术服务合同	D. 技术咨询合同

92. 甲企业将同类技术研发委托给乙企业的研发模式属于( )。
   A. 自主研发	B. 项目合作
   C. 研发外包	D. 联合开发

(四)

某企业进行人力资源需求与供给预测。通过统计研究发现,销售额每增加500万元,需增加管理人员、销售人员和客服人员共20人。新增人员中,管理人员、销售人员和客服人员的比例是1∶7∶2。该企业预计2020年销售额将比2019年销售额增加1 000万元。根据人力资源需求与供给情况,该企业制订了总体规划和人员补充计划。

93. 根据转换比率分析法计算,该企业2020年需要增加管理人员( )人。
   A. 4	B. 8
   C. 12	D. 28

94. 该企业对工程技术人员供给状况进行预测时,可采用的方法是( )。
   A. 人员核查法	B. 马尔可夫模型法
   C. 关键事件法	D. 管理人员接续计划法

95. 影响该企业人力资源外部供给量的因素有( )。
   A. 企业人员调动率	B. 企业人才流失率
   C. 本地区人力资源总体构成	D. 行业劳动力市场供求状况

96. 该企业制订人员补充计划主要应考虑( )。
   A. 补充人员的数量	B. 职务轮换幅度
   C. 员工知识技能的改善	D. 人员补充的类型

C. 实物激励　　　　　　　　　　　　D. 市场竞争机制

9. 王某是甲公司的发起人股东，公司成立后，王某因抽逃5 000万元被查处，根据我国公司法，对王某处以(　　)万元罚款。
   A. 50~250　　　　　　　　　　　　B. 50~500
   C. 250~750　　　　　　　　　　　 D. 250~700

10. 下列股东大会的事项中，适用于累积投票制的是(　　)。
    A. 修改公司章程　　　　　　　　　B. 选举董事、监事
    C. 确定分红方案　　　　　　　　　D. 减少注册资本

11. 董事会决议的表决实行的原则是(　　)。
    A. "一人一票"原则和多数通过原则
    B. "一股一权"原则和多数通过原则
    C. 资本多数决原则和多数通过原则
    D. 资本多数决原则和董事数额多数决原则

12. 关于国有独资公司董事及董事会的说法，正确的是(　　)。
    A. 国有独资公司的董事每届任期不得超过2年
    B. 国有独资公司的董事会成员中职工代表的比例不得低于1/3
    C. 国有独资公司的董事长由董事会成员选举产生
    D. 国有独资公司的董事会成员由国有资产监督管理机构委派或者由公司职工代表大会选举产生

13. 经理对公司所负的义务主要是(　　)。
    A. 谨慎、忠诚的义务　　　　　　　B. 注意义务和竞业禁止义务
    C. 谨慎、忠诚的义务和竞业禁止义务　D. 竞业禁止义务

14. 我国《公司法》规定，公司监事会中职工代表的比例不得低于(　　)。
    A. 五分之一　　　　　　　　　　　B. 四分之一
    C. 三分之一　　　　　　　　　　　D. 二分之一

15. 现在雾霾越来越严重，这促使企业在制定市场营销战略时应注重(　　)的变化。
    A. 技术环境　　　　　　　　　　　B. 经济环境
    C. 自然环境　　　　　　　　　　　D. 人口环境

16. 下列市场细分变量中，不属于心理变量的是(　　)。
    A. 购买时机　　　　　　　　　　　B. 购买动机
    C. 生活方式　　　　　　　　　　　D. 价值取向

17. 关于市场定位的说法，错误的是(　　)。
    A. 市场定位是企业根据竞争者产品所在的区域，确定本企业产品的位置
    B. 市场定位就是要为产品塑造与众不同的形象
    C. 当消费者偏好发生变化时，企业可以重新进行市场定位
    D. 企业可以从产品性能、质量水平等方面进行市场定位

18. 关于产品生命周期各阶段营销重点的说法，正确的是(　　)。
    A. 产品介绍期的营销重点是快速占领市场
    B. 产品成长期的营销重点是在销量稳定的基础上扩大占有率
    C. 产品成熟期的营销重点是防止竞争者进入

D. 产品衰退期的营销重点是提高市场占有率
19. 需求导向定价法包括( )。
    A. 认知价值定价法和需求差异定价法
    B. 随行就市定价法和竞争价格定价法
    C. 成本导向定价法和目标利润定价法
    D. 密封投标定价法和盈亏平衡定价法
20. 品牌资产中,( )是品牌资产的核心。
    A. 品牌知名度
    B. 品牌认知度
    C. 品牌联想度
    D. 品牌忠诚度
21. 某公司只生产电脑、手机两种产品,且均使用"极速"这一品牌推广销售,这种品牌战略属于( )。
    A. 伞形品牌战略
    B. 产品线单一品牌战略
    C. 组合品牌战略
    D. 多品牌战略
22. 某工厂车间生产单一的某产品,车间共有车床20台,三班制,每班工作5小时,全年制度工作日为250天,设备计划修理时间占有效工作时间的10%,单件产品时间定额为0.5小时,那么该设备组的年生产能力是( )件。
    A. 135 000
    B. 50 625
    C. 33 750
    D. 67 500
23. 计算工业增加值的依据是( )。
    A. 员工最终成果
    B. 企业最终成果
    C. 社会最终成果
    D. 消费者最终消费量
24. 作为生产企业的一种期量标准,节拍适用于( )生产类型的企业。
    A. 单件
    B. 小批量
    C. 成批轮番
    D. 大批大量
25. 对生产运作过程中各工序原材料、半成品等所处位置、数量、车间之间的物料转运等进行的控制称为( )。
    A. 生产进度控制
    B. 在制品控制
    C. 生产调度
    D. 库存控制
26. 下列控制活动中,不属于广义生产控制内容的是( )。
    A. 库存控制
    B. 质量控制
    C. 成本控制
    D. 客户关系控制
27. 消费品是指消费者个人或家庭使用的产品,下列不属于按消费者购买习惯分类的是( )。
    A. 选购品
    B. 便利品
    C. 特殊品
    D. 必需品
28. 企业物流的内容中,被称为生产的终点,同时也是社会物流起点的是( )。
    A. 仓储
    B. 包装
    C. 装卸搬运
    D. 配送
29. 下列物品中,属于包装用辅助材料的是( )。
    A. 纸板
    B. 塑料袋
    C. 打包带
    D. 铁桶
30. 当产品处于生命周期的( )阶段时,产品销售量剧增,物流活动以服务和成本的平

C. 营业杠杆 　　　　　　　　　　　D. 总杠杆
51. 借款合同如果附加补偿性余额条款,会使企业借款的资本成本率( )。
　　　A. 上升 　　　　　　　　　　　B. 下降
　　　C. 不变 　　　　　　　　　　　D. 先上升后下降
52. 综合资本成本率的高低由个别资本成本率和( )决定。
　　　A. 企业性质 　　　　　　　　　　　B. 筹资总量
　　　C. 股票市价 　　　　　　　　　　　D. 资本结构
53. 资金来源构成及其比例关系称为( )。
　　　A. 债务结构 　　　　　　　　　　　B. 资金结构
　　　C. 股本结构 　　　　　　　　　　　D. 资本结构
54. 在进行投资项目的现金流量估算时,需要估算的是与项目相关的( )。
　　　A. 增量现金流量 　　　　　　　　　　　B. 企业全部现金流量
　　　C. 投资现金流量 　　　　　　　　　　　D. 经营现金流量
55. 内部报酬率是使投资项目的净现值( )的贴现率。
　　　A. 等于0 　　　　　　　　　　　B. 等于1
　　　C. 等于-1 　　　　　　　　　　　D. 大于0
56. 并购企业利用被并购企业资产的经营收入,来支付并购价款,这种并购方式属于( )。
　　　A. 要约并购 　　　　　　　　　　　B. 协议并购
　　　C. 整体并购 　　　　　　　　　　　D. 杠杆并购
57. 下列商品或服务中,可以实现完全电子商务的是( )。
　　　A. 计算机 　　　　　　　　　　　B. 汽车
　　　C. 网络游戏 　　　　　　　　　　　D. 办公桌
58. 下列选项中,不属于电子商务系统要素的是( )。
　　　A. 消费者 　　　　　　　　　　　B. 网络
　　　C. 物流配送体系 　　　　　　　　　　　D. CA认证中心
59. 下列不属于跨国公司设立子公司的缺点的是( )。
　　　A. 手续复杂 　　　　　　　　　　　B. 行政管理费用高
　　　C. 经营管理存在困难 　　　　　　　　　　　D. 不利于开展业务
60. 网络营销中产品和服务的定价需要考虑的因素不包括( )。
　　　A. 个性化 　　　　　　　　　　　B. 弹性化
　　　C. 趋低化 　　　　　　　　　　　D. 国际化

二、**多项选择题**(共20题,每题2分。每题的备选项中,有2个或2个以上符合题意,至少有1个错项。错选,本题不得分;少选,所选的每个选项得0.5分)

61. 美国战略学家迈克尔·波特提出的基本竞争战略包括( )。
　　　A. 成本领先战略 　　　　　　　　　　　B. 多元化战略
　　　C. 集中战略 　　　　　　　　　　　D. 市场渗透战略
　　　E. 差异化战略
62. 下列企业战略中,属于紧缩战略的有( )。
　　　A. 保持利润战略 　　　　　　　　　　　B. 转向战略

C. 放弃战略
D. 谨慎实施战略
E. 新产品开发战略

63. 现代公司股东大会、董事会、监事会和经营者之间的相互制衡关系主要表现在(　　)。
    A. 股东掌握着最终的控制权
    B. 董事会必须对股东负责
    C. 监事会必须向董事会负责
    D. 经营者的管理权限由董事会授予
    E. 经营者受聘于股东大会

64. 根据我国《公司法》，有限责任公司董事会享有的职权有(　　)。
    A. 决定公司内部管理机构的设置
    B. 决定公司合并、分立和解散
    C. 制定公司的基本管理制度
    D. 执行股东会的决议
    E. 批准公司利润分配方案

65. 市场定位的策略主要有(　　)。
    A. 避强定位策略
    B. 迎头定位策略
    C. 重新定位策略
    D. 集中定位策略
    E. 撇脂定位策略

66. 市场渗透定价策略的优点有(　　)。
    A. 投资的回收期短
    B. 价格变动余地大
    C. 较易应付在短期内突发的竞争或需求的较大变化
    D. 低价能迅速打开新产品的销路，便于企业提高市场占有率
    E. 低价获利可阻止竞争者进入，便于企业长期占领市场

67. 下列对渠道冲突的处理表述正确的有(　　)。
    A. 以共同利益为基础确定渠道成员的长期目标
    B. 鼓励各渠道成员积极参与渠道活动和相关政策的制定过程
    C. 适当运用激励手段
    D. 采用人员固定的做法减少冲突
    E. 适时清理渠道成员

68. 企业的生产控制过程包括的主要阶段有(　　)。
    A. 设计生产能力
    B. 测量比较
    C. 控制决策
    D. 实施执行
    E. 工艺流程的优化

69. 根据企业性质不同，企业物流分为(　　)。
    A. 企业自营物流
    B. 生产企业物流
    C. 流通企业物流
    D. 专业子公司物流
    E. 第三方物流

70. 下列属于企业销售物流管理目标的有(　　)。
    A. 在适当的交货期，准确地向顾客发送商品
    B. 合理设置仓库和配送中心，保持合理的商品库存
    C. 实施"延迟"策略
    D. 维持合理的物流费用
    E. 与渠道成员建立双赢的合作策略

由零售商销售给消费者。某零售商对该产品的对外售价为380元，如果同时购买10个以上者，单价为330元。

85. 若采用成本加成定价法，加成率为20%，该生产商新产品的单价是(　　)元。
    A. 260　　　　　　　　　　　　　　B. 280
    C. 312　　　　　　　　　　　　　　D. 384

86. 若采用目标利润定价法，目标收益率为30%，该生产商新产品的单价是(　　)元。
    A. 260　　　　　　　　　　　　　　B. 290
    C. 338　　　　　　　　　　　　　　D. 350

87. 下列选项中不属于分销渠道参与者的是(　　)。
    A. 供应商　　　　　　　　　　　　B. 生产者
    C. 中间商　　　　　　　　　　　　D. 消费者

88. 该零售商对于该产品实行的定价策略是(　　)。
    A. 附属产品定价　　　　　　　　　B. 分档定价
    C. 数量折扣　　　　　　　　　　　D. 现金折扣

(三)

某汽车企业生产12-5型号汽车，年产量20 000台，每台12-5型号汽车需要B1-007型号齿轮1件。该企业年初运用在制品定额法来确定本年度车间的生产任务，相关信息及数据见下表：

在制品定额计算表

		产品名称	12-5型号汽车
		产品产量/台	20 000
		零件编号	B1-007
		零件名称	齿轮
		每辆件数/个	1
装配车间	1	出产量/台	20 000
	2	废品及损耗/台	500
	3	期末在制品定额/台	8 000
	4	期初预计在制品结存量/台	2 000
	5	投入量/台	
B1-007型号齿轮零件库	6	半成品外售量/个	1 000
	7	库存半成品定额/个	4 000
	8	期初预计结存量/个	3 000
齿轮加工车间	9	出产量/个	

89. 该企业所采用的在制品定额法适合于(　　)类型企业。
    A. 单件小批生产　　　　　　　　　B. 成批生产
    C. 大批大量生产　　　　　　　　　D. 单件生产

90. 该企业确定车间投入和出产数量计划时，应按照(　　)计算方法。

A. 物流流程 B. 营销渠道
C. 工艺正顺序 D. 工艺反顺序

91. 该类型的企业可以采用的期量标准有( )。
A. 节拍 B. 生产间隔期
C. 生产提前期 D. 流水线的标准工作指示图表

92. 装配车间的投入量是( )台。
A. 30 500 B. 26 500
C. 25 500 D. 14 500

(四)

某企业进行人力资源需求与供给预测。经过调查研究与分析，确认本企业的销售额(单位：万元)和所需销售人员数(单位：人)成正相关关系，并根据过去 10 年的统计资料建立了一元线性回归预测模型 $y=20+0.04x$，x 代表年销售额，y 代表销售人员数。该企业人员变动矩阵如下表所示。预计 2021 年销售额将达到 2 000 万元。该企业根据人力资源需求与供给状况及相关资料，制订 2021 年人员补充计划和人员培训开发计划。

职务	现有人数	年平均人员调动概率				年平均离职率
		销售总监	销售经理	销售主管	销售员	
销售总监	1	0.8				0.2
销售经理	2	0.1	0.8			0.1
销售主管	10		0.1	0.7		0.2
销售员	80			0.1	0.6	0.3

93. 根据一元线性回归分析法计算，该企业 2021 年需要销售人员( )人。
A. 60 B. 80
C. 100 D. 130

94. 根据马尔可夫模型法计算，该企业 2021 年销售主管内部供给量为( )人。
A. 10 B. 12
C. 15 D. 21

95. 下列预测方法中，能够预测该企业人力资源需求的是( )。
A. 德尔菲法 B. 管理人员判断法
C. 转换比率分析法 D. 管理人员接续计划法

96. 该企业制订的人员培训开发计划的主要目标是( )。
A. 优化部门编制 B. 提高绩效
C. 提升员工知识技能水平 D. 改善工作作风

(五)

G 公司拟新建一条生产线，经调研和预算，该生产线的经济寿命为 10 年，新建厂房投资额为 200 万元，设备投资额为 600 万元，流动资产投资额为 120 万元，公司决定，该投资形成的固定资产采用直线法计提折旧，无残值，该生产线建成投产后的第 2 年至第 10 年，每年可实现 200 万元净利润。公司总经理要求在进行项目可行性分析时，要根据风险评估来调整现金流量，以体现谨慎原则。

· 71 ·

而获取重要的关键性信息,使企业迅速做出反应,以适应市场竞争的需求。这体现的经营者对现代企业的重要作用是(　　)。
  A. 有利于企业获得关键性资源
  B. 有利于企业技术创新能力的增强
  C. 有利于企业团队合作能力的培养
  D. 有利于完善公司管理制度

10. 公司经营的最大受益人和风险承担者是(　　)。
  A. 董事　　　　　　　　　　　B. 股东
  C. 监事　　　　　　　　　　　D. 经理

11. 我国《公司法》明确了国有独资公司章程的制定和批准机构是(　　)。
  A. 人大常委会　　　　　　　　B. 国有资产监管机构
  C. 股东大会　　　　　　　　　D. 董事会

12. 下列公司类型中,必须设置经理的是(　　)。
  A. 有限责任公司　　　　　　　B. 中外合资公司
  C. 国有独资公司　　　　　　　D. 合伙公司

13. 下列关于股份有限公司监事会的表述,错误的是(　　)。
  A. 董事、高级管理人员可以兼任监事
  B. 监事会主席召集和主持监事会会议
  C. 董事、经理监事的任期每届为三年
  D. 监事会会议决议经过半数以上监事通过

14. 某企业将顾客按照个性划分为观望型、犹豫型和冲动型三种。该企业采用的市场细分变量是(　　)。
  A. 行为变量　　　　　　　　　B. 心理变量
  C. 人口变量　　　　　　　　　D. 地理变量

15. 某公司的日用产品组合包括香皂、纸巾和洗发水三类产品,其中,香皂又分为舒肤佳、拉瓦、佳美、柯柯;纸巾分为茶敏、白云、普夫;洗发水分为潘婷、海飞丝等。该公司产品组合的宽度是(　　)。
  A. 2　　　　　　　　　　　　B. 3
  C. 4　　　　　　　　　　　　D. 7

16. 甲公司是一家打印机生产企业,同时生产墨盒,该公司决定将打印机价格下调,同时将墨盒价格提高。甲公司采用的定价策略属于(　　)。
  A. 附属产品定价　　　　　　　B. 备选产品定价
  C. 副产品定价　　　　　　　　D. 产品束定价

17. 扁平化渠道中,分销商的作用仅表现为分销商品的(　　)。
  A. 订购平台　　　　　　　　　B. 结算平台
  C. 信息流平台　　　　　　　　D. 物流平台

18. 关于品牌,下列表述错误的是(　　)。
  A. 品牌由品牌名称和品牌标志组成
  B. "李宁"属于品牌名称
  C. 品牌标志可被识别但不能用语言表达

D. 品牌按不同属性可分为生产资料品牌和生活资料品牌

19. 长虹集团有"长虹—红太阳""长虹—金锐""长虹—银锐"等品牌，这种品牌战略属于(　　)。
   A. 跨产品线单一品牌战略　　　　　　B. 产品线单一品牌战略
   C. 主副品牌战略　　　　　　　　　　D. 多品牌战略

20. 某工厂车间生产单一的某产品，车间共有车床18台，两班制，每班工作7.5小时，全年制度工作日为250天，设备计划修理时间占有效工作时间的10%，单件产品时间定额为0.5小时，那么该设备组的年生产能力是(　　)件。
   A. 121 500　　　　　　　　　　　　B. 67 500
   C. 50 625　　　　　　　　　　　　　D. 33 750

21. 下列各项中(　　)是企业年度经营计划的核心，也是确定企业生产水平的纲领性计划。
   A. 中长期生产计划　　　　　　　　　B. 生产作业计划
   C. 年度生产计划　　　　　　　　　　D. 执行性计划

22. 在一定技术组织条件下，各生产环节为了保证数量上的衔接所必需的、最低限度的在制品储备量称为(　　)。
   A. 在制品定额　　　　　　　　　　　B. 节拍
   C. 生产间隔期　　　　　　　　　　　D. 批量

23. 生产间隔期是(　　)类型企业编制生产作业计划的重要依据。
   A. 大批量流水线生产　　　　　　　　B. 成批轮番生产
   C. 单件生产　　　　　　　　　　　　D. 大量生产

24. 某企业将权威机构制定的标准作为自己控制的标准。该企业制定标准的方法是(　　)。
   A. 类比法　　　　　　　　　　　　　B. 分解法
   C. 标准化法　　　　　　　　　　　　D. 定额法

25. 按照ABC分类法进行库存控制，A类物资具有的特征是(　　)。
   A. 库存物资品种累计占全部品种5%~10%，资金累计占全部资金总额70%左右
   B. 库存物资品种累计占全部品种70%，资金累计占全部资金总额10%以下
   C. 库存物资品种累计占全部品种20%，资金累计占全部资金总额20%左右
   D. 库存物资品种累计占全部品种50%，资金累计占全部资金总额50%左右

26. 在MRPⅡ上能解决"如果怎样，将会怎样"的问题，这反映了制造资源计划结构特点的(　　)。
   A. 计划的一贯性和可行性
   B. 物流和资金流的统一性
   C. 数据的共享性
   D. 模拟的预见性

27. 组织执行生产进度计划的工作，对生产计划的监督、检查和控制，发现偏差及时调整的过程是(　　)。
   A. 生产调度　　　　　　　　　　　　B. 在制品控制
   C. 生产进度控制　　　　　　　　　　D. 生产控制

28. 多品种小批量型生产的特征之一是(　　)。
   A. 生产重复程度极高

48. 从第一期起,在一定时期内每期期初等额收付的系列款项称为( )。
   A. 后付年金   B. 先付年金
   C. 递延年金   D. 永续年金

49. 某公司普通股股票的风险系数为1.1,市场平均报酬率为10%,无风险报酬率为6%,根据资本资产定价模型,该公司普通股筹资的资本成本率为( )。
   A. 10.4%   B. 12.1%
   C. 12.8%   D. 13.1%

50. 认为公司的价值与其资本结构无关的资本结构理论是( )。
   A. 净营业收益观点   B. 市场择时理论
   C. 代理成本理论   D. MM资本结构理论

51. 测算财务杠杆系数和资本成本率的目的是( )。
   A. 提高息税前利率   B. 规避营业风险
   C. 核算财务总成本   D. 优化资本结构

52. A公司因开发某项目,暂时无力偿还B公司的借款。双方通过协商达成一致意见,A公司给予B公司3%的股份,以抵消相应的借款。此项交易属于( )。
   A. 资产置换   B. 资产注入
   C. 以股抵债   D. 债转股

53. 某环保企业使用自有资金并购另一同行业企业,这种并购属于( )。
   A. 横向并购   B. 纵向并购
   C. 混合并购   D. 杠杆并购

54. 甲公司以其持有的乙公司的全部股权,与丙公司的除现金以外的全部资产进行交易,甲公司与丙公司之间的这项资产重组方式是( )。
   A. 以资抵债   B. 资产置换
   C. 股权置换   D. 以股抵债

55. 电子商务的"四流"指的是( )。
   A. 商流、资金流、物流、信息流   B. 商流、资金流、客户流、信息流
   C. 现金流、资金流、物流、数据流 D. 商流、现金流、物流、数据流

56. 企业开展电子商务,是以( )为主体。
   A. 运营管理   B. 电子化方式
   C. 计算机网络   D. 商务活动

57. 在电子商务的运作过程中,电子商务网站推广属于( )阶段的工作。
   A. 制定电子商务战略 B. 选择电子商务战略
   C. 系统设计与开发   D. 电子商务组织实施

58. 电子支付过程中,货币债权以( )的方式被持有、处理、接收。
   A. 数字信息   B. 物理实体
   C. 金银铸币   D. 商品实物

59. 下列网络市场调研中,属于网络市场间接调研的是( )。
   A. 网上观察法   B. 在线问卷法
   C. 网上实验法   D. 搜索引擎法

60. 海运货物保险基本险的责任期限,在保险实务中通常被称为( )。

A. 门到门   B. 仓至仓
C. 场到场   D. 场到站

二、**多项选择题**(共20题，每题2分。每题的备选项中，有2个或2个以上符合题意，至少有1个错项。错选，本题不得分；少选，所选的每个选项得0.5分)

61. 根据钻石模型，波特教授认为决定一个国家某种产业竞争力的要素有(　　)。
   A. 生产要素   B. 需求条件
   C. 机会和政府   D. 相关支撑产业
   E. 企业战略、产业结构和同业竞争

62. 关于哥顿法的表述，正确的有(　　)。
   A. 其特点是不让会议成员直接讨论问题本身
   B. 其难点在于主持者如何引导
   C. 明确地阐述决策问题
   D. 又称提喻法，该法由美国学者哥顿发明
   E. 其优点是将问题抽象化，有利于减少束缚、产生创造性想法

63. 同一般股东相比，发起人股东在义务、责任承担及资格限制上具备的特点有(　　)。
   A. 对公司设立承担责任   B. 股份转让受到一定限制
   C. 股份转让不受限制   D. 资格的取得受到一定限制
   E. 资格的取得不受限制

64. 股份有限公司的股东大会类型包括(　　)。
   A. 大股东会议   B. 定期股东会议
   C. 股东年会   D. 临时股东大会
   E. 特别会议

65. 市场定位的策略主要有(　　)。
   A. 迎头定位策略   B. 避强定位策略
   C. 差异性定位策略   D. 重新定位策略
   E. 无差异定位策略

66. 实施撇脂定价策略的条件有(　　)。
   A. 产品必须有特色
   B. 竞争者在短期内不易打入市场
   C. 潜在市场较大，需求弹性较大
   D. 企业新产品的生产和销售成本随销量的增加而减少
   E. 产品的质量、形象必须与高价相符，且有足够的消费者能接受这种高价并愿意购买

67. 根据服务产品的概念，人们一般将服务产品的基本特性归纳为以下各方面(　　)。
   A. 无形性   B. 不可分离性
   C. 差异性   D. 不可储存性
   E. 所有权的可转让性

68. 广义上生产作业控制通常包括(　　)。
   A. 在制品控制   B. 库存控制
   C. 生产计划控制   D. 生产进度控制
   E. 生产调度

A. A产品　　　　　　　　　B. D产品
C. B产品　　　　　　　　　D. C产品

84. 若该集团采用定性决策方法进行新产品决策,可以选用的方法有(　　)。
    A. 名义小组技术　　　　　B. 哥顿法
    C. 利润轮盘分析法　　　　D. 杜邦分析法

(二)

某企业的产品组合为2种液晶电视机、3种空调机、5种洗衣机和4种电冰箱。为了扩大液晶电视机的销量,该企业与经销商签订协议,约定"10天内付款的客户可享受2%的价格优惠,30天内付款的客户全价付款",同时,该企业拟开发一种新型电冰箱,经测算,投资额为5 000万元,单位成本为2 000元,预期销售量为50 000台,投资收益率为20%,该种电冰箱推出后,该企业拟建立营销渠道,只选择一家销售商代理该种电冰箱的销售,再由该销售商销售给消费者。

85. 该企业的产品组合的长度为(　　)。
    A. 5　　　　　　　　　　B. 10
    C. 12　　　　　　　　　D. 14

86. 该企业与其液晶电视机经销商签订的协议中,给出的优惠条件属于(　　)。
    A. 现金折扣　　　　　　　B. 数量折扣
    C. 复合折扣　　　　　　　D. 交易折扣

87. 根据目标利润定价法,该企业的新型电冰箱的目标价格为(　　)元。
    A. 2 020　　　　　　　　B. 2 200
    C. 3 000　　　　　　　　D. 3 200

88. 该企业只选择一家销售商代理,表明该企业采取的分销渠道模式为(　　)。
    A. 厂家直供模式
    B. 多家经销(代理)模式
    C. 独家经销(代理)模式
    D. 平台式销售模式

(三)

甲企业拟引进乙企业的某项技术发明专利,经专家调查评估,类似技术实际交易价格为500万元,该技术发明的技术经济性能修正系数为1.15,时间修正系数为1.1,技术寿命修正系数为1.2。甲企业对该项技术发明价值评估后,与乙企业签订了技术发明专利购买合同。合同约定,甲企业支付款项后,此项技术发明归甲企业所有。甲企业使用该技术发明后,发现该项技术发明对企业技术能力的提高远远大于预期,于是同乙企业签订协议,将该技术研发委托给乙企业。

89. 根据我国《专利法》,乙企业的该项技术发明的保护期限为(　　)年。
    A. 10　　　　　　　　　B. 15
    C. 20　　　　　　　　　D. 50

90. 根据市场模拟模型,甲企业购买该项技术发明的评估价格为(　　)万元。
    A. 582　　　　　　　　　B. 638
    C. 696　　　　　　　　　D. 759

91. 甲企业与乙企业签订的该项技术发明购买合同属于(　　)。

A. 技术开发合同 B. 技术转让合同
C. 技术服务合同 D. 技术咨询合同

92. 甲企业将同类技术研发委托给乙企业的研发模式属于( )。
A. 自主研发 B. 项目合作
C. 研发外包 D. 联合开发

(四)

某企业为了满足业务拓展的需要和充分调动员工的积极性,进行人力资源需求与供给预测,同时,修订本企业的薪酬制度,经过调查研究与分析,确认该企业的销售额和所需销售人员数量成正相关关系,并根据过去十年的统计资料,建立了一元线性回归预测模型,$Y=a+bX$,X 代表销售额(单位:万元),Y 代表销售人员数量(单位:人),参数 $a=20$,$b=0.03$,同时,该企业预计 2021 年销售额将达到 1 500 万元。

93. 根据一元回归分析法计算,该企业 2021 年需要销售人员( )人。
A. 50 B. 65
C. 70 D. 100

94. 该企业预测人力资源需求时可采用( )。
A. 杜邦分析法 B. 管理人员判断法
C. 行为锚定法 D. 管理人员接续计划法

95. 影响该企业人力资源外部供给量的因素有( )。
A. 企业人员调动率
B. 企业人才流失率
C. 企业所在地区人力资源总体构成
D. 企业所处行业劳动力市场供求状况

96. 影响该企业薪酬管理的内在因素有( )。
A. 企业的经营战略 B. 企业的财务状况
C. 物价水平 D. 劳动力市场的状况

(五)

某企业准备用自有资金 2 亿元投资一个项目,现在有 A、B 两个项目可供选择。据预测,未来市场状况存在繁荣、一般、衰退三种可能性,概率分别为0.2、0.5 和0.3,两项投资在不同市场状况的预计年报酬率如下表所示。为了做出正确决定,公司需进行风险评价。

市场状况	发生概率	预计年报酬率/%	
		A 项目	B 项目
繁荣	0.2	20	40
一般	0.5	10	10
衰退	0.3	0	−10

97. A 项目的期望报酬率为( )。
A. 7% B. 9%
C. 10% D. 20%

A. Ⅰ B. Ⅱ
   C. Ⅲ D. Ⅳ
8. 按照法律形态来划分，企业的组织形式不包括(   )。
   A. 个人业主制企业 B. 合伙制企业
   C. 公司制企业 D. 高新技术企业
9. 经营者的权力受(   )委托范围的限制。
   A. 独立董事 B. 监事会
   C. 董事会 D. 股东会
10. 我国《公司法》规定，设立股份公司，其发起人必须(   )以上在中国有住所。
    A. 一半 B. 三分之一
    C. 四分之一 D. 五分之一
11. 拟订公司内部管理机构设置方案的职权属于公司的(   )。
    A. 监事 B. 经理
    C. 董事 D. 股东
12. 提请聘任或者解聘公司副经理、财务负责人的职权属于公司的(   )。
    A. 监事 B. 董事
    C. 经理 D. 股东
13. 有限责任公司的监事会每年至少召开(   )次会议，监事可以提议召开临时监事会会议。
    A. 一 B. 二
    C. 三 D. 四
14. 针对下降需求，市场营销管理的任务是(   )。
    A. 分析需求衰退原因，积极开拓新市场，开发原有产品的新用途或新市场
    B. 通过提高价格、减少附加服务和项目等手段暂时限制需求水平
    C. 努力开展市场营销研究和潜在市场范围的测量，进而开发有效的产品和服务来满足需求
    D. 通过大力促销和商品演示，将产品所提供的利益与人们的自然需要联系起来，激发消费兴趣
15. 某企业的目标市场无论是从市场或是从产品角度，都是集中于一个细分市场，只生产或经营一种标准化产品，这种目标市场模式为(   )。
    A. 产品/市场集中化 B. 产品专业化
    C. 市场专业化 D. 选择性专业化
16. 产品组合的维度中，产品组合的(   )是指产品线中每种产品有多少花色品种、规格等。
    A. 宽度 B. 长度
    C. 深度 D. 关联度
17. 企业向市场推出新产品时，将价格定得较低，利用价廉物美迅速占领市场，取得较高市场占有率，以获得较大利润的定价策略是(   )。
    A. 副产品定价策略 B. 产品线定价策略
    C. 撇脂定价策略 D. 市场渗透定价策略

18. 按渠道成员的层级关系划分，冲突类型不包括(　　)。
    A. 虚假冲突　　　　　　　　　　　B. 水平冲突
    C. 垂直冲突　　　　　　　　　　　D. 多渠道冲突

19. 企业为取得社会、公众的了解与信赖，树立企业及产品的良好形象而进行的各种活动称为(　　)。
    A. 广告　　　　　　　　　　　　　B. 人员推销
    C. 销售促进　　　　　　　　　　　D. 公共关系

20. 在编制企业年度、季度计划时，以(　　)为依据。
    A. 计划生产能力　　　　　　　　　B. 查定生产能力
    C. 设计生产能力　　　　　　　　　D. 预期生产能力

21. 某企业生产甲、乙、丙、丁四种产品，各种产品在铣床组的台时定额分别为60台时、70台时、80台时、150台时；计划甲、乙、丙、丁四种产品年产量为170台、220台、300台、80台。如果该企业采用代表产品法计算生产能力，这四种产品中的代表产品是(　　)。
    A. 甲　　　　　　　　　　　　　　B. 乙
    C. 丙　　　　　　　　　　　　　　D. 丁

22. 多品种生产条件下，以代表产品计算生产能力的第一步是(　　)。
    A. 选定代表产品　　　　　　　　　B. 以代表产品计算生产能力
    C. 计算其他产品的换算系数　　　　D. 计算其他产品的生产能力

23. 适合单件小批生产类型企业的生产作业计划编制方法是(　　)。
    A. 在制品定额法　　　　　　　　　B. 累计编号法
    C. 生产周期法　　　　　　　　　　D. 提前期法

24. 下列关于事后控制方式的表述，错误的是(　　)。
    A. 事后控制方式属于反馈控制
    B. 事后控制方式的控制重点是当前的生产活动
    C. 事后控制方式的优点是方法简便、控制工作量小、费用低
    D. 事后控制方式的缺点是在"事后"，本期的损失无法挽回

25. 由于物料本身占用一定资金，企业会失去将这部分资金改作他用的机会，由此给企业造成的损失属于(　　)。
    A. 仓储成本　　　　　　　　　　　B. 订货成本
    C. 机会成本　　　　　　　　　　　D. 存储成本

26. 在物料需求计划(MRP)的输入信息中，反映产品组成结构层次及每一层次下组成部分需求量信息的是(　　)。
    A. 在制品净生产计划　　　　　　　B. 库存处理信息
    C. 物料清单　　　　　　　　　　　D. 主生产计划

27. 美国著名生产管理专家奥列弗·怀特首次提出将(　　)纳入MRP的方式，冠以"制造资源计划"的名称。
    A. 物料清单　　　　　　　　　　　B. 产品出产计划
    C. 货币信息　　　　　　　　　　　D. 库存处理信息

28. 在丰田生产方式中，控制各工序生产活动的信息系统工具是(　　)。

A. 14.92 B. 16.55
C. 17.43 D. 21.55

49. 如果某一方案的风险报酬系数为10%，无风险报酬率为5%，标准离差率为32%，则该方案的投资必要报酬率为(   )。
   A. 1.8% B. 3.2%
   C. 8.2% D. 11.8%

50. 财务杠杆是由于(   )的存在而产生的效应。
   A. 折旧 B. 固定经营费用
   C. 付现成本 D. 固定融资成本

51. 根据每股利润分析法，当公司实际的息税前盈余大于息税前盈余平衡点时，公司宜选择(   )筹资方式。
   A. 资本成本波动型 B. 资本成本固定型
   C. 资本成本递增型 D. 资本成本递减型

52. 在进行投资项目的现金流量估算时，需要估算的是与项目相关的(   )。
   A. 增量现金流量 B. 企业全部现金流量
   C. 投资现金流量 D. 经营现金流量

53. 下列不属于并购效应的是(   )。
   A. 实现协同效应 B. 实现战略重组，开展多元化经营
   C. 降低代理成本 D. 减轻负担，清晰主业

54. 企业在估算初始现金流量和终结现金流量时，均要考虑(   )。
   A. 折旧 B. 付现成本
   C. 流动资产 D. 所得税

55. 电子商务运作系统的组成要素中，推动电子商务发展的根本力量是(   )。
   A. 消费者 B. 企业
   C. CA认证中心 D. 银行

56. B2C电子商务的基本组成部分不包括(   )。
   A. 网上商店 B. 物流系统
   C. 电子支付系统 D. CA认证中心

57. 由买卖双方企业之外的第三者建立，以便匹配买卖双方需求与价格的B2B电子商务模式是(   )。
   A. 卖方控制型 B. 买方控制型
   C. 中介控制型 D. 官方控制型

58. 在国际货物运输中，海洋运输完成的运量占比在(   )以上。
   A. 50% B. 60%
   C. 70% D. 80%

59. 下列不属于移动支付特点的是(   )。
   A. 移动性 B. 及时性
   C. 定制化 D. 非集成性

60. 家电和书刊适合在网上销售，这类产品的质量和性质有统一的标准，产品之间没有多大的差异，在购买前后质量都非常透明且稳定，不需要在购买时进行检验或比较。这

说明适合网上销售的产品应具有( )特点。
A. 重购性　　　　　　　　　　B. 产品标准化
C. 廉价性　　　　　　　　　　D. 时尚性

二、多项选择题(共20题,每题2分。每题的备选项中,有2个或2个以上符合题意,至少有1个错项。错选,本题不得分;少选,所选的每个选项得0.5分)

61. 当供应者具有以下( )特征时,将处于有利的地位。
   A. 购买者只购买供应者产品的一小部分
   B. 供应者的行业由少数企业控制,购买方却很多
   C. 供应者能够进行深加工而与购买者竞争
   D. 没有替代品
   E. 有替代品

62. 进入国际市场的模式中,契约进入模式的形式包括( )。
   A. 许可证经营　　　　　　　　B. 直接出口
   C. 特许经营　　　　　　　　　D. 间接出口
   E. 管理合同

63. 有限责任公司的股东会依法享有的职权有( )。
   A. 决定公司的经营方针和投资计划　　B. 审议批准董事会的报告
   C. 对公司发行债券做出决议　　　　　D. 制定公司的基本管理制度
   E. 修改公司章程

64. 根据我国《公司法》,董事会的职权有( )。
   A. 股东机构的合法召集人　　　　　　B. 决定公司合并、分立和解散
   C. 决定公司内部管理机构的设置　　　D. 制定公司的基本管理制度
   E. 决定公司的利润分配方案

65. 市场机会矩阵图分析市场机会的两个方面是( )。
   A. 机会水平和威胁水平　　　　　　　B. 潜在机会的吸引力
   C. 机会出现的可能性　　　　　　　　D. 环境威胁对企业的影响程度
   E. 出现环境威胁的可能性

66. 新产品的定价策略包括( )。
   A. 产品线定价策略　　　　　　　　　B. 市场渗透定价策略
   C. 撇脂定价策略　　　　　　　　　　D. 温和定价策略
   E. 产品束定价策略

67. 企业的生产计划一般分为( )。
   A. 年度生产计划　　　　　　　　　　B. 战略生产计划
   C. 中长期生产计划　　　　　　　　　D. 季度生产计划
   E. 生产作业计划

68. 事后控制的优点有( )。
   A. 方法简便　　　　　　　　　　　　B. 费用低
   C. 控制工作量小　　　　　　　　　　D. 本期损失可以挽回
   E. "实时"控制

69. 下列关于推进式和拉动式企业生产物流管理模式的说法,正确的有( )。

D. 该种决策可以采用决策树分析法进行决策

83. 若该药业子公司选择生产甲药方案,则可以获得( )万元收益。
    A. 20.5   B. 19.0
    C. 18.8   D. 16.6

84. 该药业子公司采用了期望损益决策法进行决策,这种方法的第一步是( )。
    A. 列出决策损益表   B. 确定决策目标
    C. 预测市场状态   D. 拟订可行方案

(二)

某企业大批量生产某种单一产品,该企业为了编制下年度的年度、季度计划,正进行生产能力核算工作。该企业全年制度工作日为 250 天,两班制,每班有效工作时间为 7.5 小时。已知:某车工车间共有机床 20 台,该车间单件产品时间定额为 1 小时;某钳工车间生产面积 145 平方米,每件产品占用生产面积 5 平方米,该车间单件产品时间定额为 1.5 小时。

85. 该企业所核算生产能力的类型是( )。
    A. 计划生产能力   B. 查定生产能力
    C. 设计生产能力   D. 混合生产能力

86. 影响该企业生产能力的因素是( )。
    A. 固定资产的折旧率   B. 固定资产的生产效率
    C. 固定资产的工作时间   D. 固定资产的数量

87. 该车工车间的年生产能力是( )件。
    A. 60 000   B. 70 000
    C. 72 500   D. 75 000

88. 该企业应采用( )类指标为编制生产计划的主要内容。
    A. 产品价格   B. 产品质量
    C. 产品产量   D. 产品产值

(三)

某钢厂每年需要消耗钢材 5 000 000 吨,每吨钢材的价格为 2 000 元,每吨钢材的年保管费率为 1%,单次订货成本为 5 000 元。假设钢材的价格不因采购数量的不同而产生折扣。该厂的钢制品以职能部门来组织销售,整个销售物流的各环节由各个不同的职能部门来共同完成,并通过综合绩效来评价销售物流管理的效果。

89. 该钢厂采购钢材的经济订货批量为( )吨。
    A. 20 000   B. 50 000
    C. 70 000   D. 80 000

90. 该钢厂应将采购来的钢材以( )的方式进行保管。
    A. 散堆   B. 货架堆放
    C. 成组堆放   D. 垛堆

91. 该钢厂在建立销售物流综合绩效考评体系时应遵循的原则有( )。
    A. 整体性原则   B. 可比性原则
    C. 经济性原则   D. 效率性原则

92. 企业销售物流总体绩效的考评可以由绩效成本指标、效率评价指标、风险评价指标和客户满意度评价指标构成,下列属于效率评价指标的是( )。
A. 货物发送的正确率　　　　　　B. 迅速物流及时率
C. 经济效率　　　　　　　　　　D. 耗损率

(四)

甲公司为了快速开发出某一高新技术产品,与拥有某些核心能力的几个企业形成企业联盟,共同开发该项产品。同时甲公司将其拥有的一项专有技术以许可合同的方式授予乙公司,允许乙公司按照合同约定的条件使用该项技术,制造相应的产品,乙公司向甲公司支付120万元费用。为了提高生产率,甲公司拟向某科研机构购买一项新的生产技术。经调查,1年前技术市场已有类似技术的交易,转让价格为30万元,技术寿命为10年。经专家鉴定和研究发现,该项技术比实例交易技术效果更好,能提高35%的生产率,技术市场的交易价格水平比1年前上升15%,技术寿命周期为15年。经查验专利授权书,拟购买的技术专利申请时间距评估日3年。实例交易技术剩余寿命为7年。甲公司对该项技术价值评估后,与该科研机构签订了购买合同。

93. 甲公司为开发某一高新技术产品,与几个企业结成企业联盟,该组织运行模式属于( )。
A. 平行模式　　　　　　　　　　B. 联邦模式
C. 环形模式　　　　　　　　　　D. 星形模式

94. 甲公司与乙公司的技术贸易行为属于( )。
A. 许可贸易　　　　　　　　　　B. 特许专营
C. 技术咨询　　　　　　　　　　D. 合作生产

95. 甲公司与科研机构签订的合同属于( )。
A. 委托开发合同　　　　　　　　B. 合作开发合同
C. 技术服务合同　　　　　　　　D. 技术转让合同

96. 根据市场模拟模型,该项新技术的价格为( )万元。
A. 79.18　　　　　　　　　　　　B. 55.89
C. 46.58　　　　　　　　　　　　D. 32.60

(五)

某上市公司已上市8年,至2019年12月31日,公司的总资产已达20亿元,公司的负债合计为11亿元。公司正考虑上一条新的生产线,总投资6亿元,计划全部通过外部融资来解决。经测算,2019年无风险报酬率为3.8%,市场平均报酬率为13.5%,该公司股票的风险系数为1.2,公司债务的资本成本率为7%。公司维持现有资本结构不变,初步决定总融资额中2亿元使用债务融资方式,4亿元使用公开增发新股的方式。

97. 根据资本资产定价模型,该公司的股权资本成本为( )。
A. 7.64%　　　　　　　　　　　　B. 14.26%
C. 15.44%　　　　　　　　　　　D. 15.9%

98. 假设该公司股权资本成本率为16%,则该公司的综合资本成本率为( )。
A. 9.9%　　　　　　　　　　　　B. 10.0%
C. 11.8%　　　　　　　　　　　D. 13.0%

99. 如果6亿元的外部融资全部是用公开增发新股的融资方式,则该公司( )。